江恩理论通解

夏经文 ◎ 著

中国宇航出版社
·北京·

版权所有　侵权必究

图书在版编目（CIP）数据

江恩理论通解 / 夏经文著. -- 北京：中国宇航出版社，2023.5

ISBN 978-7-5159-2223-2

Ⅰ．①江⋯ Ⅱ．①夏⋯ Ⅲ．①股票投资－基本知识 Ⅳ．①F830.91

中国国家版本馆CIP数据核字（2023）第055605号

策划编辑	卢　珊	封面设计	王晓武
责任编辑	吴媛媛	责任校对	卢　珊

出版发行	中国宇航出版社		
社　址	北京市阜成路8号	邮　编	100830
	（010）68768548		
网　址	www.caphbook.com		
经　销	新华书店		
发行部	（010）68767386		（010）68371900
	（010）68767382		（010）88100613（传真）
零售店	读者服务部		
	（010）68371105		
承　印	北京天恒嘉业印刷有限公司		
版　次	2023年5月第1版	2023年5月第1次印刷	
规　格	710×1000	开　本	1/16
印　张	12.25	字　数	148千字
书　号	ISBN 978-7-5159-2223-2		
定　价	49.00元		

本书如有印装质量问题，可与发行部联系调换

PREFACE 前 言

在全球投资界,威廉·江恩(William D.Gann)几乎无人不知。他纵横华尔街45年,用自己创造的以数学及几何理论为基础的股票、期货买卖方法,在20世纪初赚取了5000多万美元,投资成功率高达88%,是美国股市谜一样的人物,受到全世界金融从业者的崇拜。他是一位智者,他创造的交易方法独树一帜,他将时间和价格完美地结合起来,在股票和期货投资中取得了巨大的成功。他应用天文学、数学与几何学原理对股市进行预测,准确程度令人匪夷所思,这给他的理论蒙上了一层神秘的面纱。

在江恩理论范畴里,经济因素只是市场循环的结果,而非市场的成因。江恩的方法及思路可以解释为:①市场唯一的外来因素是大自然循环及地球季节变化的时间循环因素;②市场的波动率或内在周期性因素来自市场时间及价位的倍数关系。当市场内在波动频率与外来推动力量的频率产生倍数关系时,市场便会发生"共振",对市场产生巨大影响。相反,当市场本身的频率与大自然的频率错配时,市场发生作用的机会将会大减。

江恩理论将时间、价格和形态作为预测未来市场走势的重要因素,研究它们之间的关系以及对市场趋势的影响。江恩认为,时间、价格和形态是决定趋势变化和市场方向的基础指标,找出它们之间的联动关系,就可以确定市场方向及转折点。在某种特定情况下,形态对于市场的影响占据主导地位,而在另一种情况下,时间和价格将主宰市场。三者或两者,若在一个较小的区域内达到平衡，尤其是价格和时间，就可以创造出绝佳的交易机会。江恩理论就是投资者找寻这个最佳机会的好帮手。

研究江恩理论，一是要从宇宙的运转规律和法则去理解江恩理论；二是要从影响价格走势的内因与外因，多角度综合研究价格走势。在正确领会江恩原著思想的基础上，吸收江恩理论的精髓，找出适合当今市场、适合自己的分析测市方法。

笔者依据轮中之轮制作原理，推导出可直接在K线图上使用的长、中、短时间之窗分析方法，最小循环单位为4分钟短线时间之窗；依据江恩四方形制作原理，推导创新出以八分法、三分法和斐波那契数列为基础的空间结构分析方法。这两大方法，让价格上涨和下跌的空间结构与时间之窗在K线上有了量化概念，若再结合趋势线，则就有了一个由时间、价格、趋势构成的完整的分析体系。这种将时间、价格、趋势分析以画线的形式同时表达在K线图上，让分析结论一目了然，极大地降低了江恩理论的学习难度与应用难度，而且转化后的方法精准、简单、易学，实用性强。这一应用赋予了江恩测市方法新的生命力。

江恩理论是传统理论中系统、完整的投资理论。江恩理论中除了时间、空间分析方法等测市方法外，还有同样重要的交易计划和交易规则。技术分析只是工具，其实三者要结合运用，才能相得益彰，但这一点被绝大多数的投资者所忽略，以致很多人无论如何努力学习技术，最后到了实际交易中还是不得要领，始终处于亏损状态。当技术分析发生失误时，资金管理、仓位管理、止损计划作为交易计划的组成部分，及时地对技术分析出错进行补救，而交易规则保障了交易计划顺利执行。江恩的12条买卖规则和24条黄金法则给出了交易的精髓，江恩用规则不断地规避着交易中的错误以及理论方法本身的缺陷。这也是本书要向读者传递的核心思想，即投资必须建立在一套系统的、完整的交易体系之上。

影响证券价格走势的因素太多，风险非常大，投资便成了一项技巧性很强的工作。面对风险，投资者必须拥有一套安全、稳健的投资策略与方法，之后还需要保守经营，不把投资当作疯狂的赌博。江恩认为，只有那些肯为知识花费时间和金钱，孜孜不倦，勇于探索，并能够意识到投资领域的知识是学无止境的人，才能在证券市场中获得成功。他曾经说过，"在过去40年里，我年年研究和改进我的理论，我还在不断学习，希望自己在未来能有更大的发现"。作为一名长期研究江恩理论的爱好者，笔者也在不断践行着江恩的忠告，不断完善自己对江恩理论的认知。

笔者文字水平有限，读者若发现书中有文字或语言逻辑上的错误，请不吝赐教。微信号：15542727125，抖音号：38530032086，新浪微博：虎哥ⅴ视。能够发现错误的读者必是知音，感谢之外，必有惊喜！

夏经文

CONTENTS 目 录

第一章 江恩理论框架与思想

第一节 价格走势分析框架解析 / 2
一、价格走势分析逻辑 / 3
二、市场情绪分析 / 6
三、技术分析的三大假设 / 11

第二节 江恩理论的基本框架及分析方法 / 15
一、江恩理论的基本框架 / 15
二、江恩"轮中之轮" / 16
三、江恩"轮中之轮"在 K 线上的应用 / 18

第三节 江恩理论的基本思想 / 22
一、江恩理论的神秘性 / 22
二、江恩理论的核心 / 23
三、江恩测市理论体系与思想 / 24

第二章　波动法则与循环周期理论

第一节　波动法则 / 32

一、江恩对波动法则的重要叙述 / 32

二、波动法则原理 / 35

三、波动折返比率及应用 / 37

第二节　八分法、三分法应用实例 / 39

第三节　循环周期理论 / 43

一、循环周期理论要预测什么 / 43

二、以 30 年为基础的循环周期 / 43

三、确定日常操作的循环周期 / 45

四、应用实例 / 48

第四节　时间之窗分析工具 / 51

一、周期尺的应用 / 51

二、周期尺的绘制 / 52

三、斐波那契时间之窗 / 54

第五节　WZ 时间周期分析法 / 55

一、WZ 时间之窗修正系数表 / 55

二、WZ 时间之窗的绘制 / 56

三、初始周期（W）的选取原则 / 57

第三章　江恩几何分析法

第一节　江恩四方图记录分析法 / 60

一、江恩四方图的绘制规则 / 60

二、江恩四方图的形式与含义 / 61

三、江恩四方图轴线和对角线的特征 / 62

四、步长的确定 / 62

五、应用实例 / 63

第二节 应用斐波那契数列分析价格空间结构 / 66

一、斐波那契数列和人类行为 / 67

二、分析价格空间的基本构思 / 69

三、应用实例 / 70

第三节 江恩"轮中之轮"分析方法 / 74

一、"轮中之轮"的绘制 / 74

二、应用实例 / 76

第四节 多空分界法的理论基础 / 79

一、时间=价格，价格=时间 / 79

二、道氏理论 / 83

第五节 多空分界法 / 84

一、趋势反转的条件 / 84

二、应用实例 / 85

第六节 时间、空间与成交量共振 / 89

第七节 时间、价格分析法在 K 线上的应用 / 93

一、时间之窗绘制要点 / 93

二、价格坐标绘制要点 / 94

三、应用实例 / 95

第八节 时间、空间分析法在 K 线图上的应用 / 98

一、应用实例 / 98

二、技术分析的基本逻辑 / 102

第四章　江恩空间分析法

第一节　江恩角度线 / 104

一、江恩角度线绘制原理 / 104

二、应用初始波特性绘制江恩角度线 / 105

第二节　江恩箱体线 / 107

第三节　速度阻力线 / 110

一、上升速度阻力线 / 110

二、下降速度阻力线 / 111

三、速度阻力线的校正 / 111

第四节　空间结构线与角度线综合应用 / 112

一、应用初始波划分价格区域 / 112

二、初始波空间结构的画法（价格坐标）/ 112

三、应用实例 / 114

第五章　江恩交易系统

第一节　江恩交易系统的主要内容 / 118

一、谨慎依规交易 / 118

二、实战交易系统 / 120

第二节　投资策略和规则 / 125

一、投资路径指引 / 125

二、江恩 12 条买卖规则 / 127

三、遵循交易规则 / 129

第三节　投资者遭受损失的主要原因 / 131

一、在有限资本上过度买卖 / 131

二、买入持仓未设止损 / 134

三、缺乏市场知识 / 138

第六章　江恩12条买卖规则详解

第1条买卖规则：决定趋势 / 149

一、多空分界法结合3日高低线判断趋势转折 / 149

二、江恩时间、价格与趋势 / 152

第2条买卖规则：在单底、双底或三底水平入市买入 / 154

一、双重顶与双重底 / 154

二、头肩顶与头肩底 / 155

三、三重顶底形态 / 157

四、应用实例 / 158

第3条买卖规则：根据市场波动的百分比买卖 / 159

第4条买卖规则：根据3星期上升或下跌买卖（循环周期） / 162

第5条买卖规则：市场分段波动 / 162

第6条买卖规则：根据5%至7%比例位置买卖（空间结构比例） / 166

第7条买卖规则：成交量 / 167

一、时间、价格、成交量是一体的 / 167

二、价格与成交量之间的关系 / 167

三、成交量分析步骤 / 169

四、分析成交量的作用 / 169

五、量比 / 170

第8条买卖规则：时间因素（时间=价格） / 171

一、市场超越平衡 / 171

二、季节性循环周期 / 173

第 9 条买卖规则：当出现高低点或新高时买入／174

第 10 条买卖规则：决定大趋势的转势／176

第 11 条买卖规则：最安全的买卖点／177

第 12 条买卖规则：快市时价位上升／178

附录 A 江恩有价值的 24 条黄金法则／180

第一章
江恩理论框架与思想

江恩认为，时间、价格和形态是决定趋势变化的重要因素，他将寻求多因子共振作为判断趋势转折点的依据，创造出一套全方位的测市分析体系，"共振"是江恩理论的核心。受江恩启发，笔者从8个方面对影响价格走势的因素进行了阐述，这一认知范畴是投资者进入市场首先必须明确的问题。

江恩以圆的概念引入"无往不复"的周期循环原则，作为分析理论框架，用圆、四方形和六边形作为价格运动数据的记录工具，运用天文学的自然运行法则作为分析价格趋势变化的基本原理，演绎出江恩四方形、轮中之轮和六轮图等测市方法。圆形的概念和圆周上9个位置的时间或价格，是判断趋势转折点的重要依据和观察点位。在圆形里，可设置四方形和三角形，在其内又可以设置四方形和圆，而在其外，一样可以设置四方形和圆。这表明引用圆的概念分析价格走势，分析周期上内可缩至无限小，外可放至无限大，是一个"无往不复"的分析测市体系。

第一节　价格走势分析框架解析

对于一个交易者来说，价格走势分析框架是分析市场路径与方向的指引，犹如茫茫沧海上的导航仪，是交易者必须首先知道并了解的内容，这一点相当重要。

一、价格走势分析逻辑

1. 影响价格走势的因素与分析逻辑

影响价格走势的因素共有8个：企业估值、大众情绪、主力筹码、主力策略、趋势、时空、形态、成交量。其中，前4个属于内在因素，后4个属于外在因素。内因是本质，外因是表象。股票价格走势是一种大众行为，属于自然客观现象。价格走势分析理论与分析逻辑如图1-1所示。

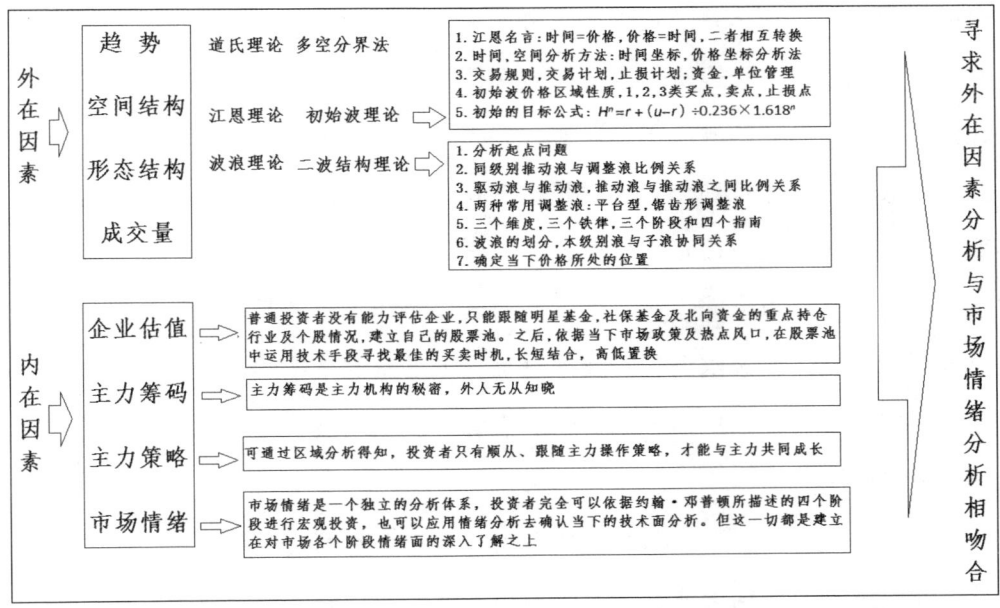

图1-1　价格走势分析理论与分析逻辑

（1）**内在因素**。内在因素是价格变化的本质，其中主力筹码是主力机构的秘密，外人无从知晓；主力策略可通过区域分析得知，投资者只有顺从、跟随主力操作策略，才能与主力共同成长。在内在因素分析中，最主要的是企业估值和大众情绪，是我们分析市场的两个主要途径：①企业估值，普通投资者是没有能力评估企业价值的，一般情况下，可分析企业季报、半年报和年报，或者根据明星基金、社保基金、QFII及北向资金的持仓情况，选择主力机构重仓或持续加仓的行业及龙头个股这一投资策略，建立自己的股票池，再结合市场情绪和技术分析把握投资机会；②对于市场情绪分析，美国逆向投资大师约翰·邓普顿曾经说过一句名言："行情总是在绝望中诞生，在怀疑中成长，在乐观时成熟，在陶醉中结束。"这句话被大家奉为投资的圭臬。市场情绪分析是一个独立的分析体系，是价格走势分析体系中非常重要的一部分，后面会有详细论述。

（2）**外在因素**。外在因素是价格变化的具体表现，是技术分析的主要研究对象。技术分析是透过外因去分析、探索、发现价格背后的本质变化。对于外在因素的分析逻辑，这里强调多因素的一致性和谐共振。价格走势是趋势、时空和形态的共同运动轨迹，其中最重要的是趋势，其次是时空和形态。如果某一天你发现一只经过长期下跌的股票突然底部放量涨停，你就要从三个方面对该股进行画线分析：①画出下跌趋势线，将下跌趋势中反弹浪最明显的两个高点连成直线，则构成反压趋势线，注意反压趋势线所接触的点越多就越有效；②依据初始波理论画出下跌空间结构线（空间结构线用来分析价格调整与上涨目标位的空间结构）；③应用波浪理论画出下跌趋势中的形态结构线。

趋势线、空间结构线和形态结构线，从三个不同角度得出各自的分析结论。如果三种分析结论能够在一个狭小的区域内达到一致，则会产生共振，那么结合成交量有效放大，就可以判定价格趋势即将反转。至于是反弹还是反转，则应用多空分界法来具体判断。

（3）**市场分析的总体思维逻辑**。在完成基本面估值、选股的条件下，运用技术分析与市场情绪这两个相对独立的分析体系，寻找最佳的买入与卖出时机。我们在做市场分析时，主要是寻求技术分析与市场情绪分析的一致性，技术分析结论与市场情绪相互认证是分析市场的核心逻辑。

主力机构的运作是根据上市公司估值以及手中筹码量决定的。当企业估值与持筹量都具备启动条件，主力就会利用消息或一些技术手段诱导、利用市场大众情绪，完成与大众筹码交换并从中获利。也就是说，在低位将筹码从大众手中骗出，在高位利用上市公司的诸多利好将筹码再卖给大众，这也正是强调大众情绪分析重要性的原因。价格走势之所以存在诸多不确定性，就是因为影响价格走势的因素太多。想成为一名成功的投资者，就必须对影响价格走势的内因与外因有深刻的认知，内在思想决定外在人生，财富的获取一定是在你的认知范围内的回报。

2. 技术分析逻辑

技术分析逻辑源于独立的价格底层分析逻辑，由三部分构成：①时间循环周期；②空间结构逻辑；③形态结构逻辑。三者逻辑上的正确性是外在因素分析结论可靠性的保证。技术分析逻辑是建立在辩证法基础上的一种思维逻辑，也是中国传统的思维逻辑。中国人生活中的老话、谚语都能体现这一点，究其根本是一种辩证统一的分析方法，是从局部推演分析到最后综合总结的过程。在这个过程中抓大放小，趋利避害，得出一个综合处理事务的方法。

"顺大势，逆小势"是股票持仓的基本原则，中长线仓位必须建立在大周期为多头态势的情况下，在"逆小势"中寻找次级别阶段性高点或低点区域，进行逢高卖出或逢低买入的短线波段操作，即在大周期趋势保持完好的基础上进行短线交易。

在价格走势分析中，趋势是重要的，分析和交易必须将趋势放在首位，以趋势为主，通过时间、空间、形态及成交量的变化来判断价格趋势的延续与反转。例如，当价格到达初始波成长目标位时，形态结构也完成五波上涨模式。此时，如果价格出现区域振荡，且调整幅度、调整时间都大于之前的调整幅度和调整时间，这样，在时间、空间、形态和成交量四个方面达到了一致，趋势即将反转。当价格跌破操作级别趋势线，反弹无成交量配合，此刻趋势、时空、形态和成交量都在一个较小的区域内达到一致，发出卖出信号，则可以确认价格趋势已经发生反转。

价格进入顶部区域，一般不会马上跌下来，有时还可能创出新高，但总体上已经进入横盘振荡趋势，时间也已经大于前面一波横盘调整时间，成交量在逐渐缩小。外在因素中，只有价格还没有走坏。此时，我们必须遵从辩证统一的观点抓大放小，尊重趋势这个主要因素，放弃可能进一步上涨的空间，防范和规避较大的下跌风险，以逢高减仓和离场为上策。

二、市场情绪分析

在描述市场情绪与价格的运行周期时，美国逆向投资大师约翰·邓普顿（John Templeton）曾经说过："行情总是在绝望中诞生，在怀疑中成长，在乐观时成熟，在陶醉中结束。"

市场情绪分析是一个独立的分析体系，投资者完全可以依据约翰·邓普顿描述的四个阶段进行宏观投资，也可以应用情绪面分析去确认当下的技术面分析结论。但这一切都是建立在对市场各个阶段情绪面的深入了解之上。

下面看看在市场价格循环周期中，这四个阶段是如何展现的。

1."在绝望中诞生"阶段

投资活动中，不少投资者喜欢从新闻、研究报告中寻找合适的投资标的。殊不知，这样做很难找到优秀的投资标的，原因恰如邓普顿所说的"行情总是在绝望中诞生"。在市场最绝望时，投资者才能找到便宜到离谱的价格。

比如，在2022年10月香港股票市场最惨淡的时候，笔者曾经在港股中找到一些大型企业的股票，其市净率估值在0.2倍上下。这个估值，对于经营稳健、净资产回报率在8%左右的公司来说，几乎是不可想象的。但是，在绝望的行情中，大家就能找到这样的估值。

再比如，2000年国内一线城市的住宅类房产，其租金回报率达到惊人的8%左右。也就是说一间月租金2500元、年租金3万元的房子，售价不过38万元。站在今天的房产市场，会觉得这种价格不可想象。

不可想象的价格，也一定反映市场最绝望的情绪。这种绝望不仅仅表现在可以感知的投资者情绪上，更体现在一些不可感知的地方：人们并不是充满抱怨地谈论这些资产，而是根本不会有人愿意聊这些资产。想想看，道理确是如此。如果大家都对一种资产感到"绝望"时，那么有谁愿意出价呢，又有谁愿意去谈论它呢？但凡还有不少人愿意谈论，都还没到"绝望"的地步，有道是"没人愿意踢一条死狗"。一种陷入绝望境地的资产，由于不会有多少人有兴趣聊起它，因此指望通过新闻报道、博客论坛找到这些投资标的，基本上是不可能的。要发现这些投资标的，按投资大师彼得·林奇的话说，得靠自己去"翻石头"。

以上两个例子中，港股中被极度低估的股票的投资机会，当时几乎没有人提起，只有覆盖全市场的数据表格才会告诉投资者，这里有一些很便宜的公司。

而在2000年的房产市场中，当时一线城市上海，甚至推出了外地人买房送户口的政策，可见当时的住宅地产冷清到了什么地步：根本没有多少人愿意主动购买，只能靠户口来吸引大家。

绝望中的行情，往往会提供给投资者最低廉的价格。不过投资者需要注意的是，这种绝望期经常会非常漫长，甚至能压垮一些非常坚韧的投资者。

对资本市场的敬畏，在任何时候都不该被忘记。和不少人理解的不同，这种敬畏并不是针对资本市场的理智和明智的定价能力，而是对资本市场的非理性和残酷性保持敬畏。在绝望的资产终于被大家关注到之后，行情会来到第二个阶段：在怀疑中成长。

2. "在怀疑中成长"阶段

当走出"绝望"阶段以后，坚守其中的投资者并不会过上一帆风顺的好日子，他们会迎来第二个挑战——怀疑。在一种资产的绝望阶段，资本市场对这种资产的印象会坏到糟糕透顶，甚至觉得这种资产没有一点点价值。当资产价格逐步从"绝望"走向"成长"时，资本市场之前在漫长的"绝望阶段"留下的刻板印象，并不会立即消失。之前的批评者现在带着惊愕的目光，看着这种"没有价值"的资产居然开始涨价。

现在，大家在懊恼自己没有从中赚到钱之后，市场舆论往往会以更加猛烈的态度嘲讽价格的上涨。于是，投资者就会遇到一个两难境地：①价格在慢慢地持续上涨；②市场舆论却并不友好。这就是市场上经常出现长阴的缘故，在市场上涨初期，反而往往会出现最猛烈的回调。这种回调，就是在怀疑的舆论中产生的。

如图1-2所示，以上证指数2005年998.23点为起点的这波行情为例，可以很清楚地看到，一轮牛市的上涨初期，在回调中多伴随着大长阴线，且回调幅度非常大，这种回调就是在怀疑的舆论中产生的。

图1-2　上证指数日K线图

3."在乐观时成熟"阶段

行情的第三个阶段,邓普顿将其称为"在乐观时成熟"阶段。这时候,价格的上涨已经持续了一段时间,那些从"绝望阶段"出现的怀疑论,已经被持续上涨的价格消磨殆尽。

在这个阶段里,人们开始普遍意识到资产的价值。但是,这时候的价格已经和价值非常接近,而且随着参与者的不断增多,已经很难找到便宜的资产。此时定价开始变得乐观起来,便宜的价格已经渺无踪影,市场交易价往往会高出价值一些空间。

在"乐观阶段",人们倾向于投入大量的精力,在已经不便宜的资产中找到错配的价格。有趣的是,他们的这种精力本来应该用在"绝望阶段":那时候随便分析一下,都可以发现大量价格和价值的错配。

在"乐观阶段",股票分析师们用复杂的模型,定义一只股票究竟应该值13.5元还是14.2元,却忘记了五年前这只股票曾经只卖3元。

在2021年底至2022年秋天的可转债市场中,就看到市场处于这样一个成熟的阶段。2021年初,可转债市场遭遇了一波血雨腥风,不少可转债的价格下跌到70元、80元,而其发行公司并没有多少违约风险,这时候投资可转债市场其实是一个黄金机会。但是在当时,没有多少投资者进行可转债分析和投资。到了2021年底至2022年秋天这段时间,许多可转债价格已经变得昂贵,转股溢价率普遍达到20%甚至更多。这时,任何新上市的债券,往往都会上冲到120元、130元,而其转股价值往往只有90到100元,纯债价值也不过90多元。这时候,可转债市场明显已经走入成熟:定价开始变得乐观起来,多出来的20%、30%的溢价率代表的就是这种情绪。

在各种投资论坛和社交圈里,可以看到大量对可转债的详尽分析。只不过,在这种市场成熟期,已经没有多少轻松盈利的空间,市场很难让投资者再赚到钱了。在这时候，对于价格的分析却是数量最多、模型最复杂、理论最丰富，看起来最有投资道理的时候，"心将迷者，先识是非"。成熟阶段的一切纷繁与复杂，以及让人微醺的乐观气氛，都无法阻挡最后一个阶段的到来——陶醉。

4. "在陶醉中结束"阶段

应该说，约翰·邓普顿是一个优雅的人，因此，他使用"陶醉"这个词来描述行情的最后一个阶段，别人可能更愿意用"癫狂"来描绘行情最后的疯癫与狂暴。在行情的最后一个阶段，价格的暴涨已经占据了绝对的主流。"绝望阶段"的遗忘、"怀疑阶段"的质问、"乐观阶段"的锱铢必较，此时已经被"陶醉阶段"的暴躁所取代。

在这个阶段，理智的分析已经无法为飞涨的价格找出合理的解释：哪怕把正统模型的估值参数调到最宽容的数字也不行。人们的着眼点已经全然放在暴涨的价格本身上，至于背后的资产究竟值多少钱，价格是否太离谱，已经没有多少人关注。于是，当理智的分析已经没法给价格做背书时，陶醉的市场开始创造新的逻辑。

在2000年美国科技股泡沫中，人们开始用高得离谱的市销率来解释没有盈利的科技公司应当如何估值。只要能卖出东西，哪怕是赔本卖都无所谓，就能给一个很高的估值。这类估值方法后来也被称为"市梦率"。而梦想究竟怎么定价，谁也说不清。

在2020年到2021年的A股抱团泡沫和高估值股票泡沫中，投资者们喊出了"不买对的，只买贵的""怕高就是苦命人"的口号。试问，这个世界上哪有买入价格越贵越好的道理？但是，在当时陶醉的市场环境中，人们就是相信这种观点。

在1989年的日本地产泡沫中，人们惊奇地发现，卖掉东京的土地就能买下整个美国。这听起来好像有点不合理，但是这有什么关系呢？也许东京真的值这么多钱！

在"陶醉阶段"，昔日被绝望的人们所遗弃的资产现在已经涨上了天，怀疑论也早已被扔到九霄云外。成熟的估值模型没有了用武之地，投资者们陶醉着、癫狂着，享受着价格上涨带来的快乐。"且乐生前一杯酒，何须身后千载名？"

以上所述，就是一波行情的四个阶段：绝望、怀疑、乐观、陶醉。资本市场的所有波动，都逃不开这四个阶段。

身在其中而不自知的投资者，在这些阶段的轮番碾压中失去了自己的钱财，咒骂市场是个肮脏的"屠宰场"，发誓再也不愿涉足其间。而理智的投资者，则从这些阶段的起起落落中找到了自己的交易机会，赚取一波又一波利润。也许，这样的循环周期和其中的喜怒哀乐，就像当年诗人低吟的那样——凭君莫话封侯事，一将功成万骨枯。

三、技术分析的三大假设

任何研究都是建立在假设基础上的，合理的假设是技术分析的基础，技术分析的三大假设包括：①市场行为涵盖一切信息；②价格沿趋势运动，并保持趋势；③历史会重演。技术分析三大假设对理解市场价格运行非常重要，尤其是第一条假设。在当今信息泛滥的社会，一条唾手可得的信息往往成为投资者交易的依据，仔细想想很荒唐，但是，事实就是如此。

1. 市场行为涵盖一切信息

市场行为涵盖一切信息是进行技术分析的基础。技术分析者认为，影响证券价格的所有因素包括内在因素和外在因素，都反映在市场行为中，价格走在前面，交易者不必对影响价格因素的具体内容过多地关心。技术分析根据市场行为进行预测，如果市场行为没有反映影响价格的全部因素，那么技术分析得到的结论就没有说服力。

这个假设的合理性在于，任何一个因素对市场的影响，最终都必然体现在价格的变动上。如果某一消息公布后，价格同以前一样没有大的变动，这就说明这个消息不是影响市场的因素，尽管一些人认为有一定的影响力，也必须遵从市场的选择。如果价格向上跳空，成交量急剧增加，一定是出了什么利多的消息，具体是什么消息完全没有必要过问，因为消息已经体现在市场行为中了，上述现象就是这个消息在证券市场行为中的反映。

再如，某一天，大多数股票持平或下跌，唯有少数几只股票上涨，大家自然要到处去寻找这几只股票出了什么利好消息。这说明大家已经意识到外部的消息在价格的变动、反常的趋势中得到表现。外在的、内在的、基础的、政策的以及心理的等所有影响价格的因素，都已经在市场行为中得到了反映，作为技术分析人员，只需要关心这些因素对市场行为的影响效果，不用关心导致这些变化的具体原因究竟是什么。也就是说，当价格跌破上升趋势线、跌破前低点，大家必须首先做出应对——卖出或止损，然后再去寻找这只股票出现了什么利空消息，再去研究投资逻辑是否发生变化。在第一时间做出反应，及时做出应对操作很重要。

2. 价格沿趋势运动，并保持趋势

价格沿趋势运动，并保持趋势。价格沿着阻力最小的方向运动是进行技术分析最根本、最核心的思维逻辑。价格的变动是按照一定规律进行的，保持原有方向的惯性运动符合自然规律。正基于此，技术分析者才会花费大量心血，以求找出价格变动的规律。

一般说来，一段时间内如果价格一直是持续上涨（下跌）的，那么，今后如果不出意外，价格也会按这一方向继续上涨（下跌），交易者没有理由

或者不能仅凭臆想就改变既定的交易方向。"顺势而为"是证券市场中的一条名言，如果市场中没有调头的内部和外部因素，没有必要逆大势而为。

沿着阻力最小的方向运动是自然运动规律，一个明显趋势形成后，价格沿着趋势形成的方向运动，其运动阻力最小。这是自然的力量，就像河水在河床中流淌一样。另外，从心理学角度讲，假定在一个上升趋势中，当人们看到一个明显趋势通道时，很容易会形成在通道支撑下轨买入，在通道阻力上轨卖出的规律，卖得多了跌到下轨再买，就这样循环向上运动。

价格沿着阻力最小的方向运动是场内资金运动的表现，当一个外力（场外资金）进入后，价格打破原先的运动轨迹，将跟随这个外力的方向运动。例如，价格处于横盘振荡趋势，外力推动价格突破横盘区域，向上或向下突破，聪明的场内交易者就会跟随这个外力的方向操作。当然，要能够判断出这个外力的大小，力量小就是场外资金在试盘，突破后还会回到原趋势通道内。这里用第3类买卖点最能说明问题，当价格突破后，如确认第3类买卖点成立，那么，就说明新的价格趋势即将形成，需要跟随新的趋势去操作。

交易者之所以要卖掉手中的股票，是因为他认为目前的价格已经到顶，马上要下跌，或者即使上涨，上涨的幅度也有限。这种悲观的想法是不会立刻改变的，一小时前认为要跌，一小时后是不可能在没有任何外在因素影响的基础上就改变自己的看法的。这种悲观的想法会一直影响这个人，直到悲观的想法得到改变。如果是众多的悲观者，那么就会影响价格的趋势，使其继续下跌。

3. 历史会重演

"历史会重演"是从统计和交易者的心理因素方面考虑的。市场上操作交易的是人，由人决定最终的操作行为。人不是机器，必然会受到某些心理的制约。一个人在某一场合得到某种结果，那么，下一次碰到相同或相似的场合，这个人就认为会得到相同的结果。市场也一样，在某种情况下，按一种方法进行操作取得成功，那么以后遇到相同或相似的情况，就会按同一方法进行操作；如果前一次失败了，后面就不会按前一次的方法操作。

市场的结果留在投资人头脑中的阴影和快乐会在一定程度上影响投资者的决策。进行技术分析时，一旦遇到与过去相同或相似的情况，人们就会与过去的结果进行比较。过去的结果是已知的，这个已知的结果会用作对未来预测的参考。任何有用的东西都是经验的结晶，是经过多次检验总结出来的。对重复出现的某些现象和结果进行统计，得到成功和失败的概率，这对具体的投资行为是有参考价值的，这就叫"历史告诉未来"。

证券市场是个双方买卖的市场，价格的变动每时每刻都受供需关系的影响。价格上涨了，肯定是需求大于供给，买的一定比卖的多；反之，价格下跌了，肯定是供给大于需求，卖的一定比买的多。价格不断地变化，以求达到买卖双方的平衡。价格变动总是朝双方平衡的方向努力。多空力量达到暂时平衡后，遇到外部力量的影响，就会打破这种平衡，价格继续变动，以达到新的平衡。外部力量是无时无刻不在的，区别只是大小不同。

在三大假设之下，技术分析有了自己的理论基础。第一条肯定了研究市场行为就已经全面考虑了市场，第二条和第三条使得大家找到的规律能够应用于证券市场的实际操作之中。

人们对技术分析三大假设的合理性一直存在争论，不同的人有不同的看法。例如，第一个假设"市场行为涵盖一切信息"，市场行为反映的信息只体现在价格的变动之中，同原始信息毕竟有差异，损失信息是必然的。正因为如此，在进行技术分析的同时，还应该适当进行一些基本分析和其他方面的分析，以弥补其不足。再如，第三个假设"历史会重演"，证券市场的市场行为是千变万化的，不可能有完全相同的情况重复出现，差异总是或多或少存在。在使用"历史会重演"这一假设的时候,这些差异的大小一定会对分析的结果产生影响。

第二节 江恩理论的基本框架及分析方法

一、江恩理论的基本框架

江恩理论主要分两个部分。

(1)波动法则:循环周期理论、波动速率、折返支撑与压力。江恩认为,金融市场是根据"波动法则"运行的。

(2)八分法与三分法:江恩将圆、四方形和三角形作为分析工具,运用几何学、星象学、天文学中的自然运行法则以及衍生、演绎规律分析金融价格走势。江恩将圆作为一个循环周期(1日、1周、1月、1季或1年),并依据天文历法将圆划分为24等分,之后在圆内画出四方形、正三角形。四方形、正三角形在圆周上的点就是价格走势的重要支撑与压力位置(0度为起始点,因此不属于重要点位),是技术分析的重要参考点,如图1-3所示。

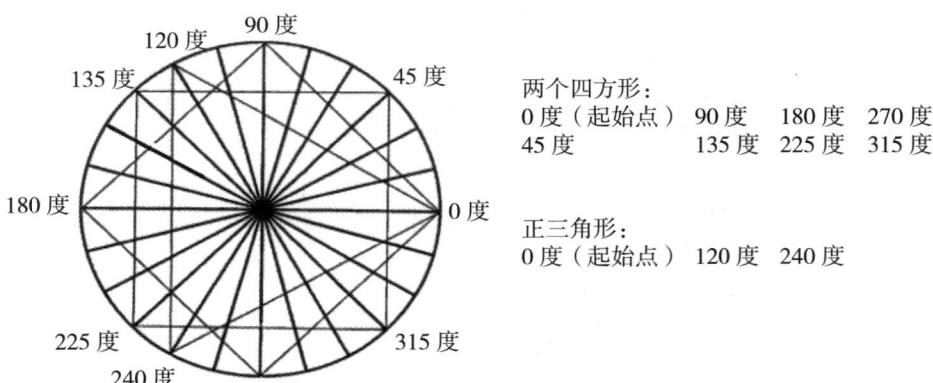

图1-3 时间和空间循环周期9个重要的支撑压力位

学习江恩理论，只要搞清楚江恩分析方法的逻辑关系，其分析方法就会变得相当简单。事实也是如此，面对投资市场的复杂性，如果不是一个简单、高效的分析方法，是很难快速应对市场变化的。测市方法中的几何学、星象学、天文学都是常识，稍加学习都能理解。

江恩在介绍其市场分析理论时指出："圆形的360度与9个位的数字，是所有数学的根源。在一个圆里面，可以设置四方形和三角形，也可以设置四方形和圆。在其外部，一样可以设置四方形和圆，上述证明了市场运行的四个面向。"

如图1-3所示，江恩将圆内四方形、三角形上的9个点作为重要的分割比率，在时间上为45度、90度、120度、135度、180度、225度、240度、270度、315度；价格空间上为1/8、1/4、1/3、3/8、1/2、5/8、2/3、3/4、7/8。分析中，大家只要记住这些重要点位以及主次关系，当价格运动到某个时间点位或价格空间点位时，就要特别留意价格趋势变化，尤其是成交量的变化。只要依据江恩八分法、三分法在K线图上画出来，分析结果一目了然。简单、快捷、实用是江恩测市方法的最大优势。

江恩理论被后人演绎成各种版本，现在看到的江恩理论其实是后人对江恩理论的释意，准确地说是"后江恩理论"，很大程度上有些故弄玄虚。江恩的分析方法直观、简洁，且应对性强。

二、江恩"轮中之轮"

江恩理论书籍中的圆、四方形和六边形分析方法，都是江恩用于记载、分析价格走势的图表工具，与当下使用的K线及K线走势图功效是一致的。在弄清楚江恩分析方法的逻辑关系后，完全可以用电脑上的K线代替。下面以江恩"轮中之轮"为例，介绍如何用K线形式表达"轮中之轮"分析方法。

江恩理论中最为人乐道而又神秘莫测的，乃是"轮中之轮"市场分析理论。江恩认为市场有长期循环、中期循环以及短期循环之分，互相重叠，令市场发生变幻莫测的波动。江恩"轮中之轮"的原理是分析影响市场走势的长、中、短周期，从而预测市场的波动轨迹。

江恩将一天作为短周期，又进一步分割成24小时，每小时与地球自转15度对应；将一年分割成12个月，每个月若按新月和满月一分为二，一年便有12个新月和12个满月，一共24份。这与中国历法依据是相同的，按照太阳在黄道上的运行划分而成二十四节气，每一个节气代表太阳在黄道上运行15度，太阳走完24个15度，便完成一年的时间。

根据上面的宇宙天体自然运动法则，江恩设计了一个360度的圆形图表，将圆周分割成24等分。从1开始以逆时针螺旋形增长，运行24个阶段为一个循环周期。当螺旋形运行15个循环时，数字便增长至360，相当于一个圆形的360度。也就是说，24是一个小循环，由15个小循环组合成一个360度的大循环，如图1-4所示。

江恩"轮中之轮"理论——市场以24为一个循环单位运行。24可以有多种应用方式，在外汇市场上应用，24便表示0.2400。在股市中，24则表示24元、240点或2400点。

江恩指出，在"轮中之轮"中，角度线是决定因素。市场时间与价位存在重要的角度关系。当市场的重要顶部（底部）在某个角度出现的时候，市场随之而来的调整（反弹）的重要支撑（阻力）位，一般会出现在0度、180度和90度的位置（起始点与分析周期的选择存在相关性）。

所有的市场顶部及底部都与其他市场的顶部及底部存在一个数学上的关系。市场上没有一个次要的顶部或底部，也没有一个牢不可破的顶部或底部。因此，在对市场走势进行技术分析时，绝不能简单地应用角度线及支持、阻力位加以解释，应留意市场在0度、180度和90度位置上的日K线走势

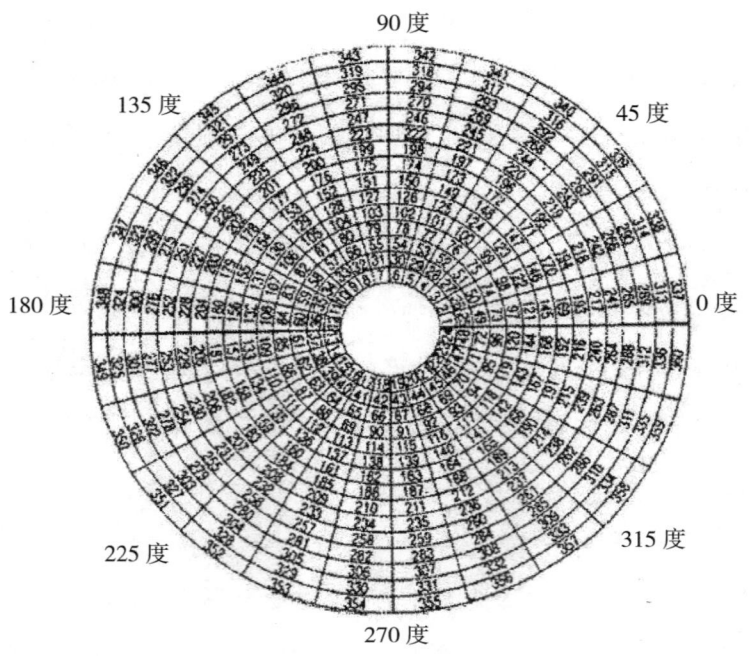

图1-4 江恩"轮中之轮"

及成交量变化。

　　江恩之所以用圆作为分析循环周期的工具，源于他广博的天文学知识。除了宇宙天体按圆形轨道运行外，江恩还注意到它们运行时的旋绕方向。因此，江恩在"轮中之轮"、圆、四方图、六角形图中的数字递增方向都一律与地球旋绕的方向一致——逆时针旋绕运行。也就是说，江恩要使它们的运动方向与他心目中万事万物的循环发展方向保持一致，特别是与其中地球的旋绕方向保持一致。

三、江恩"轮中之轮"在K线上的应用

　　周期线也称为江恩周期线，应用周期线的理论基础是江恩理论关于时间的论述，江恩没有说明市场循环的成因，后人只能从他留下的分析方法中学习。

"轮中之轮"是江恩的重要循环理论，量度时间的基础来自地球的自转。江恩的市场循环周期理论最短为4分钟，4分钟是所有市场循环中最短的一个，这是因为一天有24小时，折算成分钟为1440分钟。地球自转一天为360度，地球自转1度所需要的时间为1440除以360，即4分钟。

依据4分钟循环理论，一波趋势运行3小时或6小时之后便可能逆转。若市场在一天之中的某段时间出现一个重要的转折点，则1天后或2天后的这段时间，便要特别留意市势的变化，市场可能又会在这段时间出现一次逆转。因为1天后或2天后是60度和120度的时间之窗位置，所以要特别留意这个时间点，如图1-5所示。

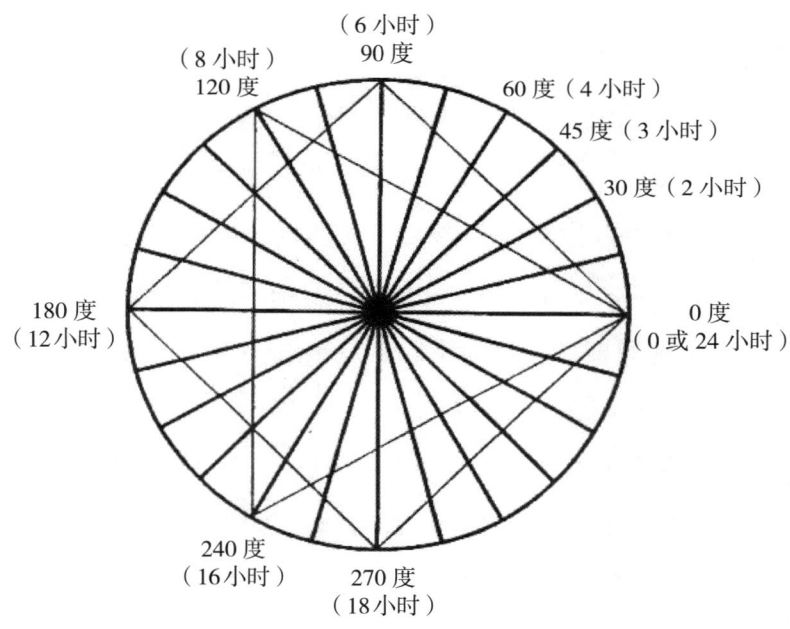

图1-5 江恩4分钟"轮中之轮"循环周期图

对于短线投资者来说，当一个重要低点形成后，以其为起点，之后的时间之窗位置分别是2小时、3小时、4小时、6小时、8小时、12小时、16小时、18小时、24小时，如表1-1所示。这是一个以4分钟的市场循环周期运行的时间之窗，经过24小时完成360度循环。"轮中之轮"是江恩提出的重要循环理论，十分有趣，也非常有实际应用价值。

表1-1 江恩4分钟"轮中之轮"时间之窗

地球自转角度	0	30度	45度	60度	90度	120度	180度	240度	270度	360度
时间循环（小时）	0	2	3	4	6	8	12	16	18	24

江恩的"轮中之轮"理论是江恩时代的产物，虽然今天依然可以用它分析价格时间与空间的阻力位与时间之窗，但是做起来不免有些繁杂。大家完全可以依据江恩的"轮中之轮"理论将时间之窗画在K线图中，具体画法请看下面的例子。

实例1　以24小时为循环周期

这里以上证指数为例，将江恩4分钟"轮中之轮"时间之窗展示在K线图中。将24小时视为一个短线周期，地球每小时自转15度，24小时折算成分钟是1440分钟，计算地球自转1度所需要的时间是1440/360=4分钟。

要画出时间之窗，首先设置K线为4分钟1根，然后找到一个有意义的起始点，接下来选择周期线，用画笔点击起始点，将画笔向后拖到第15根K线，最后点击鼠标结束画线。

图1-6所示为上证指数2020年11月2日—10日4分钟K线走势图，由0度到360度是上证指数24小时短线循环周期，起点为3209.91点，终点为3368.88点，最高点为3397.62点。其中90度、180度、270度、360度是四方形4个点的位置，而120度、240度、360度是三角形三个点的位置。

江恩指出，在"轮中之轮"中，四方形和三角形上的点是重要的时间之窗。由上证指数这个例子可以看出，指数在四方形与三角形的点上都有不同的表现，当指数到达360度位置完成一个循环周期后，4分钟图上连续拉出9根较大的阴线。读者最好将这个例子在电脑上进行复盘，以体会江恩"轮中之轮"时间之窗的魅力。

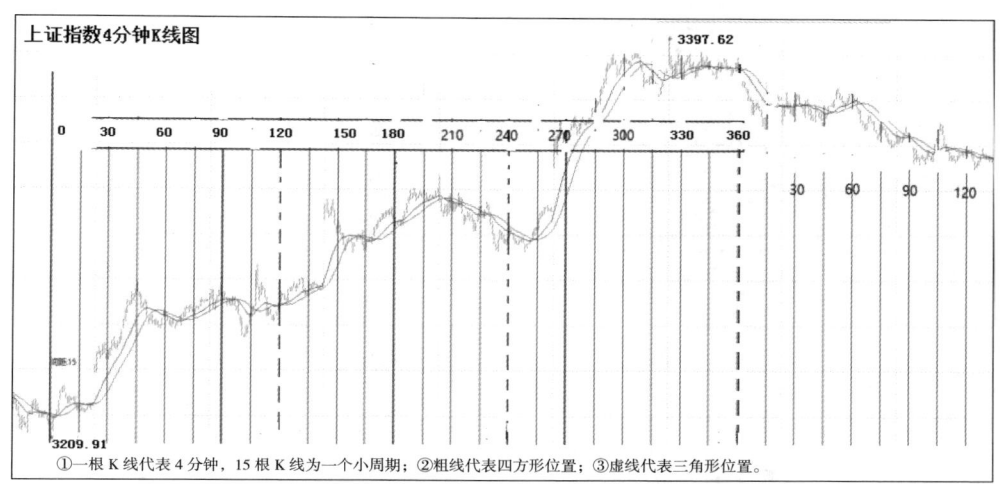

①一根K线代表4分钟,15根K线为一个小周期;②粗线代表四方形位置;③虚线代表三角形位置。

图1-6 上证指数江恩"轮中之轮"24小时循环周期时间之窗

实例2 以年为循环周期

一年是一个非常重要的循环周期,是中长线时间之窗的参考依据。江恩的循环理论以一个圆形的360度作为分析架构,选择交易日计量时间之窗,首先计算出一年有243个交易日,按小时计算交易时间共有972个小时,由此计算出360度循环周期中每一度的时间是972/360=2.7小时,也就是162分钟/度。如果按江恩的"轮中之轮"理论,以逆时针的螺旋形式增长运行24个阶段为一个循环。当螺旋形共运行15个循环时就构成360度一个大的循环。换句话说,也就是将圆分成24等分,15度为一等分就是一个时间之窗。

上面已经计算出江恩"轮中之轮"的1度是162分钟。要画出时间之窗,首先设置K线为162分钟1根,然后找到一个有意义的起始点,选择周期线,用画笔点击起始点,将画笔向后拖到第15根K线,最后点击鼠标结束画线。时间之窗画线工具不存在准与不准之说,只能说因股而异。

江恩认为圆、三角形及四方形是一切市场周期的基础。"轮中之轮"的时间分析最重要的点位是三角形和四方形的顶点，依次是0度、90度（360度的1/4）、120度（360度的1/3）、180度。

下面将江恩"轮中之轮"一年循环周期应用于电脑K线中分析价格的时间之窗。如图1-7所示，以拓普集团在2021年9月24日的最低点33.31元为起始0度，当价格运行到90度时，形成了阶段性高点。

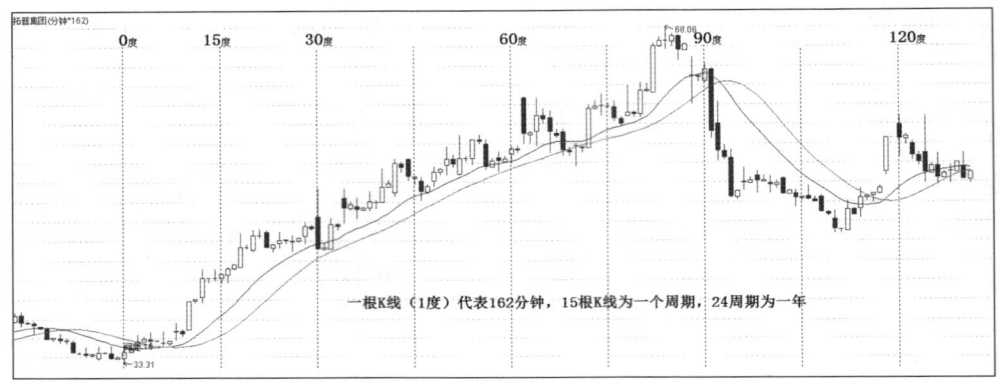

图1-7　江恩"轮中之轮"一年循环周期时间之窗

第三节　江恩理论的基本思想

一、江恩理论的神秘性

1928年11月3日，江恩在一份美国股市分析报告中预测1929年长期牛市将终结，并明确指出将在9月份见顶，10月份将开始大跌，建议投资者抛售全部股票，并逐步加码做空。1929年10月，美国股市果然神奇般地爆发历史上最大的股灾，江恩也因此名声大振。

江恩说他的理论是受《圣经》的启发，宗教给江恩理论增添了神秘性。大多数人对江恩理论都有高深莫测、晦涩难懂的感觉，学习中总是知其然不知其所以然。因为江恩理论以数学、几何角度等形式分析涵盖走势，使得它看上去都是先验的。如江恩将日、月相对地球的自然运动规律引入金融价格分析体系，以循环周期无往不复的分析原则，使学习者更加专注于发掘它的应用价值和作用。

江恩认为，一切事务若本质没有改变，一切变化都是基于数学的原理。事实上，江恩理论的内容很少，大多数都是讲方法，有不少研究者沉迷于大师当年制作的各种图表与文字中，力图破译其中的秘诀，却始终不得其法。

江恩在有生之年对他的理论体系并未给出具体、明确的分析原理和分析原则，是天机不可泄漏，还是……后人无从知晓。江恩在《空中隧道》一书中有这样一段话："反复阅读《圣经》，我获得了大量的知识，我常常独自祈祷，独自拥有自己的发明。我相信这样的一种古老说法在沉默中保持沉默，沉默着完成所有的理想。"

由此看来，江恩是有意秘而不宣。尽管他曾应允得到他欣赏的人会得到一个主宰的数字及主宰的字句，但终究无果。

二、江恩理论的核心

学习江恩理论，要去掉披在江恩理论外层的神秘面纱，关键是学习江恩交易思想和交易方法。江恩主要是通过综合运用数学、几何学、星相学、天文学，建立起自己的分析方法和测市理论体系，其中运用的知识并不复杂，可以说，就是数学、天文学上的常识而已。江恩理论中最明确、最实用的是江恩的实战交易原则和交易计划，**成功的交易是由交易计划、交易策略、资金配置、仓位管理与技术分析组成的，是几方面的综合体现。技术分析只是工具，是为前者服务的。**这一点被绝大多数交易者忽略，导致很多人无论如何努力学习江恩理论分析技术，最后到了实际交易中都不得要领，始终处于亏损状态。

江恩分析理论与交易规则系统才是江恩交易体系的完整体现,当分析系统出现失误时,交易规则系统会及时地对其进行补救。时间周期理论、角度线、"轮中之轮"等分析方法只是江恩理论的一部分,交易规则却是江恩理论中非常重要的组成部分。江恩分析理论是为交易规则系统服务的,二者存在主次关系,相互结合运用才能相得益彰。但是,在论述江恩理论的大部分书籍中,并没有提及江恩的交易规则,即使有,也是作为附录内容,这就导致读者误认为江恩分析理论体系就是江恩理论。事实上,江恩理论中更重要的内容是交易规则,关于这一点,江恩在《华尔街四十五年》一书中曾多次强调止损单的重要性,这透露了他成功真正的秘诀——交易和止损计划。

在学习江恩分析理论方法时,很多人只是为"方法"而学习,有的人还执迷于江恩的图表研究,殊不知那只是一个旧时代的记载,分析价格数据的工具而已。不能说这些内容没有价值,其价值也就是江恩所说的"分析方法就在圆形的360度,9个位的数字之间"。这是学习者急功近利的表现,只注重表面,不关注其本质。这不仅体现在学习江恩理论上,学习其他投资理论与方法时也一样。

三、江恩测市理论体系与思想

1. 运用历法分析金融市场(时间与空间)

江恩测市理论体系的核心源于历法,也就是公历。**江恩将历法计时方法与规律运用到价格走势时间与空间的记录和分析中;将圆的概念引入技术分析框架,将公历历法中大小月的划分概念引入周期分析划分。**

人类的历法是依据日、月相对地球的运动规律制定出来的。时间本质上是地球自转以及相对于太阳天体的运动记录。也就是说,时间是天体运动的概念,没有天体的运动,人类就没有时间观念。江恩将其引入金融市场价格走势分析中，时间就是价格的运动，没有价格运动，也就没有金融市场的时间区间。人类是自然界的一分子，其行为属于自然范畴，同样，证券交易也属于自然范畴。江恩理论与方法之所以准确，就是因为江恩运用大自然运行法则去分析证券市场的运行规律，殊归同源。

如图1-8所示，一年循环周期按江恩分割比例划分，与二十四节气不谋而合，看上去很神奇，实则殊归同源。江恩选择历法中的节气变更点作为分析市场的重要转折点，是江恩理论的核心所在。黄栢中在《江恩理论：金融走势分析》一书中，将中国的二十四节气和江恩的一年循环周期（江恩称为季节性周期）在360度圆周上划分的重要阻力与支撑位置完美地结合，并认为春分是起点（0度）也是终点（360度），夏至是2/8位置（90度），冬至是6/8位置（270度），这些位置都是重要的时间拐点。

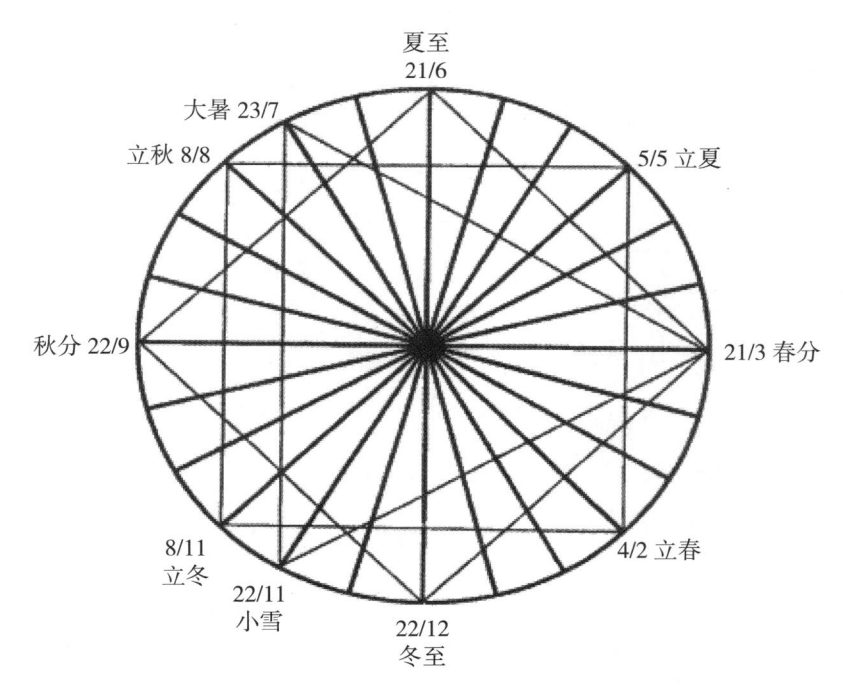

图1-8　一年循环周期划分与二十四节气

江恩理论在圆周上按8等分划分时间与空间的分析周期，圆周代表的周期可以是任意一个单位时间周期，可以是1小时、1天、1周、1月、1年。在江恩的分析周期中也有45天、89天、7周、7.5年等任意的周期区间。同样，圆周也可以代表价格运动空间，如1、10、30、100等任意空间价格。

2. 江恩核心分析思想——时间=价格，价格=时间

江恩的圆形、四方形、角度线、六角形、轮中之轮等测市工具，主要功能有两个：①记载价格数据；②分析价格支撑、压力位。后者分析的依据就是寻找价格与时间的平衡点，也就是市场的转折点。江恩将其表述为"时间=价格，价格=时间，时间与价格可以相互转换"，这是江恩测市方法中最为重要的理论思想。

很多人在学习中，将江恩角度线、轮中之轮作为战胜市场的法宝，生搬硬套地用它去丈量市场，往往收获甚微。这是因为没有认识到这些方法是江恩时代的产物，仅仅是一种工具罢了，没有真正领悟到江恩理论的本质。

前面已经了解了江恩所说的"圆形的360度，9个位的数字"的意义，下面再解释一下《江恩理论：金融走势分析》中的一段话，如图1-9所示划横线处。

事实很简单，江恩所依托的不仅仅是角度线上的支撑与压力作用，他寻求的是角度线上的支撑与压力位与时间的共振，与成交量的共振。

下面进一步解释一下"价格=时间，时间=价格，价格与时间相互转换"这句江恩的名言。比如在上升趋势中，如果调整时间比之前的所有调整时间都长，则价格趋势将面临转势——价格运动时间打破平衡；如果调整幅度也大于前几次调整幅度中最大的调整幅度——价格运动空间打破平衡，时间与价格产生共振，那么，当下就可以判断价格已经进入转势阶段。如果此时再得到成交量对股价趋势逆转的确认，那么，分析结果将更加确定。这是江恩

第一章 江恩——20世纪伟大炒家

江恩在介绍其市场分析理论时指出:

"圆形的360°,与9个位的数字,是所有数学的根源。在一个圆形里面,可设置一个四方形及三角形,但在其内,又可设置四方形及圆形,而在其外,亦一样可以设置一个四方形及圆形,上述证明了市场运行的四个面向。"

上面的论述艰深难明,但可用江恩的其他论述加以解释,他指出:"所有的市场顶部及底部都与市场其他的顶部及底部存在一个数学上的关系。市场上没有一个次要的顶部或底部,不能应用角度线及阻力位加以解释,分析者可留意市场在这些水平上的每日走势及成交量变化。"

图1-9 《江恩理论:金融走势分析》中的一段话

这条法则分析、判断趋势反转的核心所在,非常重要,切记!

3. 从复杂到简单——感悟是一个过程

从某种程度上来说,时间、价格、成交量本身就是数字。江恩的很多东西就是一种数字上的和谐与非和谐的共振,例如八分法和江恩的8、9及斐波那契比率的应用,都是江恩对市场感悟的结果。江恩证明了这些共振的存在,但他并没有说明这些东西为什么存在。笔者理解,江恩是有意让读者自己去感悟市场价格运动时空变化的真谛,也只有这种感悟才能转化为交易的力量。共振是技术分析的核心,关于这一点在后面章节有专题论述。

在江恩理论中,价格的变化就是时间的另一种表现形式,是一种节奏旋律。在这个节奏旋律中,最主要的是八分法——江恩理论的基本节奏。在江恩的分析方法中,不变的是八分法,而不是角度线、江恩线、轮中之轮等具体工具。八分法是江恩理论的精髓,其他只是帮助理解其理论的工具,是一种"造景",不是内容的实质。

世间万物只是"物"的表现形式,而物又是生灭转化的。世界上任何一个事物的产生、存在都是因缘聚合的结果。股市是人类活动的一个表现形式，它也是"物"的表现形式，也具有"能量"。所以，你如果能够悟到"物"性，那么，也就通晓了它的规律。

这种"因缘聚合"同样流淌在江恩的分析工具中，他无时无刻不在强调主要与次要的均衡、时间与价格的均衡，他真实的含义是试图表达一些简单的概念，这些概念包括市场价格的时间关系、空间关系、时空关系、波动关系，也就是"共振"——时间的共振、空间的共振、价格与时间的共振、共振的节奏。

股票价格走势是一种大众行为，属于自然客观现象。影响股价的内在因素包含企业估值、大众情绪、主力筹码、主力策略；外在因素包含趋势、时空、形态、成交量。内因是本质，外因是表象。技术分析就是透过外在表象变化去分析、探索、发现价格运动背后的本质变化。透过现象找到本质，这是从复杂到简单的一个过程，万物万事的发展规律都是如此。

第二章
波动法则与循环周期理论

波动法则与循环周期理论是江恩测市方法的主要内容，也是江恩理论的核心思想。投资者必须反复仔细研究，深刻领会其内涵，才能从中悟到江恩理论的基本思想。关于波动法则，江恩曾发表过一篇论文，透露他的交易秘诀是理解了商品价格的"波动法则"，也就是商品价格涨跌循环的原因，这对我们理解波动法则与循环周期理论有相当大的帮助。现将江恩这篇论文摘录如下。

我很快就注意到了股票与商品价格涨跌的周期性循环，这引导我得出结论：自然法则是市场运动的基础。经过对现代科学的详尽研究，我发现振动法则可以让我判断股票与商品价格在某特定时段内的上涨和下跌的精确价位。当整个市场什么也没有意识到之前，此法则就已经决定了市场行为的原因并预测其影响。大多数的投资者都仅能认识到实际的影响，却忽略损失发生的原因。

虽然我不能在此详尽描述波动法则在市场上的应用，但是外行人也应该知道无线电报、无线电话与照片的基本原理也是波动法则。如果没有这个自然法则的存在，上述发明将是不可能的。

综观市场历史与大量的统计数据，很明显，股票价格的变动是受到某种法则的主导，在市场走势的背后的确存在周期性或循环性的法则。大量的观察发现，交易所中会出现定期性的活跃与冷清。亨利·霍尔（Hony Hull）先生在最近的著作中，利用相当大的篇幅讨论"繁荣与萧条的循环"，我所运用的法则不仅显示这类长期循环与摆动，包括股票每天甚至每小时的波动，了解每只个股的精确波动之后，可以准确判断支撑与压力的位置。

那些和市场密切接触的人，可以察觉股票价值的起落和涨跌。有时，股票的交易非常活跃，交易量很大；有时，股票的交易几乎完全停顿，成交量很小。我发现波动法则主宰了这一现象，同时我还发现，控制股票上涨阶段的法则完全不同于下跌阶段。

我发现，股票本身与其内在的推动力量之间存在和谐与非和谐的关系。因此，所有这一切活动的奥秘都很明显，通过我的方法，可以确定每只股票的波动幅度，再考虑到特定的时间因素，我大体上可以比较准确地判断股票在既定情况下的走势。

我之所以具有确定市场趋势的能力，主要归功于我了解每只股票的性质与不同类型股票的波动率。股票就像电子、原子与分子一样，它们对于基本波动法则的反映具有自身的稳固性质。科学告诉我们："任何的原始波动最后都会演变成为周期性或韵律性的活动"，而且"就像钟摆来回摆动，就像月球运行在轨道里，就像新的一年都会由春天开始，一旦原子的重量上升，要素的特性也会定期发生"。

经过深入的观察、研究与应用测试，我发现不仅每只股票都会波动，而且控制股票走势的驱动力量也处在振动状态。唯有通过股票的走势与市场价格的变动，才能够知道这些震动的力量。市场中所有的大幅振荡都具有循环的性质，它们的行为完全符合周期性法则。

如果希望避免投机行为失败，我们必须仔细考虑原因。一切存在的事物都是基于精确的比例和完美的关系，大自然中没有巧合，因为更高层次的数学法则是所有事物的基础。正如同法拉第所说："宇宙中除了数学之外，其他空无一物。"

通过波动法则，市场中的每只股票都有其特定的活动领域，例如剧烈程度、成交量和方向。所有基本素质的演变都刻画在其自身的振动频率上。如同原子一样，股票实际上是能量的中心，受到数学力量的控制。股票创造自己的行为领域与力量，吸引或是排斥的力量，这可以解释某些股票有时领涨市场，有时却像"死掉"了一样。所以，如果希望科学地投资，绝对需要遵循自然法则。

经过多年的耐心研究之后，我已经能够向自己与他人证明，波动可以解释市场所有的阶段与情况。

第一节 波动法则

一、江恩对波动法则的重要叙述

价格运动体系与宇宙运动体系同属于自然运动体系，只是一个是小宇宙，一个是大宇宙，但其运动规律是相同的，周而复始，生生不息。江恩认为，历史会重复发生。若要预测未来，只需回到历史，找到一个正确的起点，研究其历史规律就可达到目的。江恩指出，他对市场的所有预测，是根据循环理论（cycle theory）及数学序列（mathematical sequences）做出的。在计算、分析时，与天文学家一样，是根据几何及数学做出市场预测的。

人类是小宇宙，其思维逻辑与大宇宙间的运动规律是一致的，一切皆是循环。宇宙间以圆形运行，人类思想会斗转重现。无论是抽象的、实性的、思想性的、物理的以及灵性的，无一例外。

对市场的预测计算，首先要回到历史中去，找出所处的周期，找到价格以往的运动规律。依据价格上一个循环规律去重现未来，预测未来的市场走势。江恩认为，宇宙间的"波动法则"（law of vibration）是支配着市场循环的法则。

事实也是这样，如果你按江恩轮中之轮、四方图、六轮图记载数据的方法记载指数或价格数据，并将历史上重要的变盘点用不同颜色标注在记录图表上，经过大量的历史数据再现，你就会和江恩一样，发现这些不同颜色的变盘点几乎都在正四方形和正三角形的顶点上。再进一步研究这些顶点的位置，你会惊奇地发现，价格循环运动的顶点位置不仅保持着同一个角度线上的倍数关系，而且与二十四节气的位置也是一致的。

分析研究历史数据的关键，是如何知道当下所处的是什么周期。在这方面，江恩隐晦地指出："只要你掌握到市场循环的成因，你便可以根据成因来预测其结果。在预测市场循环周期重现时，最重要的是掌握一个正确的开始，有正确的开始便有正确的结束。"

在如何研究、寻找市场循环周期上，江恩没有直接回答投资者。江恩在《空间通道》一书中，简单讲了他分析市场的方法，他指出："我计算股市及期货市场时，我会研究市场的历史，找出市场周期之所在，然后根据过往市场的波动预测未来市场走势的轨迹。"

1909年江恩在美国一家杂志访问中指出："经过长期的研究，我发现波动法则助我准确地预测股票及期货特定时间中的特定价位。"对于"波动法则"的具体内容，江恩也同样没有做正面解释，他只是说："现在不可能解释波动法则如何应用在市场之中，但一般人可以知道，波动法则乃是无线电报、无线电话的基本原理，没有这个法则，上述发明无出现的可能。"江恩还宣称："利用我的方法，能够决定每种股票的波动率。如果将某些时间因素一并考虑，在大部分情况下，我能够指出在什么情况下股票有什么表现。"

江恩理论的波动法则极为神秘，不同分析者对此均有不同的理解及诠释。音乐家兼炒家佩特·阿蒙森（Petter Amundsen）曾发表过一篇文章，从乐理角度去解开"波动法则"之谜。他认为，江恩理论与乐理正好一脉相承，两者皆以"波动法则"为根基。大家可以先了解一下音符的结构。音阶的基本结构由7个音符组成，如表2-1所示。

表 2-1　音符频率表

音乐名称	音符	代号	频率	音乐名称	音符	代号	频率
Do	C	1	523	So	G	5	784
Re	D	2	587	La	A	6	788
Mi	E	3	659	Ti	B	7	988
Fa	F	4	698				

由表2-1可以看出，7个音阶中，频率上存在着甚为完整的比率关系：①D约是C的9/8倍；②E约是C的5/4倍；③F是C的4/3倍；④G是C的3/2倍；⑤A是C的5/3倍；⑥B是C的15/8倍；⑦高八度的C则为C的2倍。音阶中发生共鸣的是C与G及高八度C，亦即50%及1倍水平。换言之，音阶是以12、13、14及18的形式产生共鸣。顺理成章，频率的1倍、2倍、3倍、4倍、8倍亦会产生共鸣。上述比率及倍数，正是江恩所指的"波动法则"，一般称为江恩的分割比率。

在解释"波动法则"时，有两个重要的概念不容忽视：①波动率，指每一段时间运行多少个周期，实质是频率问题；②和谐关系，也就是不同频率之间的关系。频率是声学领域的名词，相同或倍数关系的频率会发生"共振"。因此，江恩说的"和谐关系"是指"共振"，如价格与价格共振、时间与价格共振。

在江恩理论范畴里，经济因素只是市场循环的结果，而非市场的成因。江恩分析方法及思路可以解释为：①市场唯一的外来因素是大自然循环及地球季节变化的时间循环因素；②市场的波动率或内在周期性因素来自市场时间及价位的倍数关系。当市场内在波动频率与外来推动力量的频率产生倍数关系时，市场便会发生"共振"，对市场产生巨大影响。相反，当市场本身的频率与大自然的频率错配时，市场发生作用的机会将会大减。

二、波动法则原理

关于波动法则，江恩没有做正面解释。这里依据对江恩理论的理解，从应用角度简单叙述几个关键问题。

价格运动体系与宇宙运动体系是相同的，在太阳系中，月球绕着地球转，地球绕着太阳转；在微观体系中，原子内部有原子核，原子核里又有更小的微粒，无限缩小。价格运动体系也一样，假定我们选择当下某段运动趋势，时间与价格数值都为1，则向上增长1倍、2倍、4倍、8倍……的位置，都可能成为重要的支撑和阻力位置；向下调整1/8倍、1/4倍、1/2倍、2/3倍……的位置，也同样可能成为重要的支撑和阻力位置。当了解到这种倍数关系和分数关系的重要性时，就可以利用它建立起一种市场分析框架。当时间和价位都运行到这种倍数关系和分数关系时，市场的转折点可能已经到来了。

在江恩的波动法则中，非常强调倍数关系和分割比率的分数关系，而倍数关系和分数关系是可以相互转化的。江恩波动法则强调的是可能产生共振点的倍数关系位置，倍数关系可以无限扩大，分数关系可以无限缩小，关键是确定当下所处的位置取值。

波动法则的实质就是江恩在介绍其市场分析理论时指出的："圆形的360度，与9个位的数字，是所有数学的根源。" 这里不变的是9个点的位置，也就是分割比例，变的是价格与时间的不断循环，不变的就是法则！这是应用中应该遵守和注意的地方。江恩将时间、价格分割为8等分，分割的位置都是重要的变盘时间点和支撑、阻力位。

对于时间循环，江恩将一个圆形的360度看作市场的一个时间周期单位，并将圆形360度依据八分法比例分割为45度、90度、135度、180度……一个时间周期单位360度可以是1天、1周、1月……任何时间周期。

对于价格递增或递减，也是将某段上涨或下跌行情的波动幅度依据八分法比例分割为1/8、1/4、3/8、1/2、5/8、3/4、7/8、1，一个价格周期单位1可以是任何时间周期内的历史性价格低点（高点）到高点（低点）的波动幅度；也可以是阶段性价格低点（高点）到高点（低点）的波动幅度。

任何时间、价格周期分割比例中，9个重要位置是分析、预判市场周期转折的重要参考点，如表2-2所示。

表2-2 江恩时间与价格分割比例

时间	起始点0度	45度	90度	120度	135度	180度	225度	240度	270度	315度	360度
价格	起始点0	1/8	1/4	1/3	3/8	1/2	5/8	2/3	3/4	7/8	1

江恩非常重视30年循环周期，30年共360个月，是一个完整的圆形。360个月循环按三角形及四方形形成一级循环：37.5年、10年、15年、20年、22.5年。30年里，月球围绕地球转了360次，也十分接近土星的运行周期。土星围绕太阳一周，共29年零167天。因此，土星绕太阳一周约等于月球围绕地球360次的时间，其运行的形式与时钟原理如出一辙。

江恩认为，土星围绕太阳一周共运行30年，当土星运行至22.5年（270度）周期、15年（180度）周期、7.5年（90度）周期时，对市场指数运行都会有较大影响。

如图2-1所示，起始点为1990年12月，月K线图上1根K线代表1度，将30年（360个月）分成24等分，1等分是15度（15根K线），画出上证指数30年的循环周期图。读者可以对照着看上证指数在90度、180度、270度、360度位置上的变化。

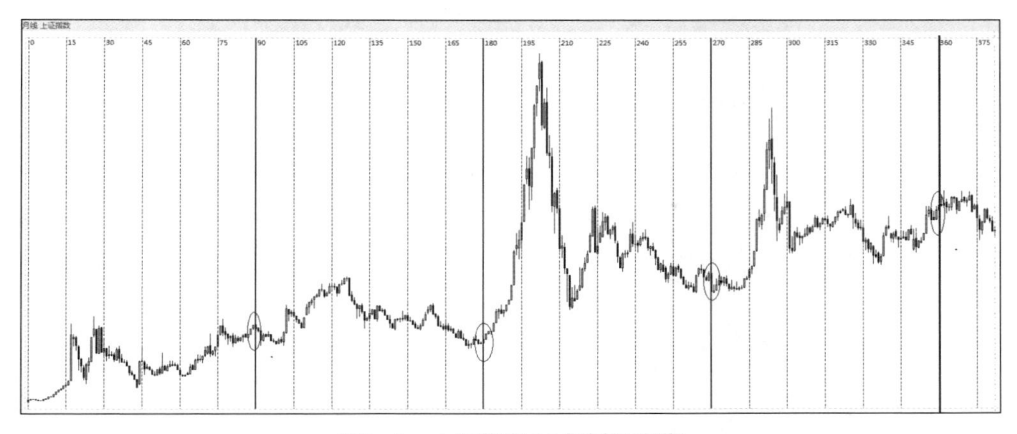

图2-1　上证指数30年循环周期

三、波动折返比率及应用

1. 波动折返比率

波动折返比率是指股票价格上涨过程中出现阶段性高点，之后出现调整的幅度比例，是波动法则的具体表现，也是价格在空间上分割的主要内容。江恩将交易价格出现阶段性高点（低点）到出现阶段性低点（高点）的空间进行八等分。折返比率50%是江恩理论的一个重要位置，其次是5/8位置，如图2-2所示。

用360度圆的分割角度来表达市场走势的支撑值与阻力位，是江恩思想的重要体现。江恩将市场股价从重要起点到重要终点看作股价在时间上走过了一个几何圆，即360度，再将这个360度圆进行三等分、四等分、六等分、八等分，股价往往会在这些等分点上发生较大的转折。

在学习中，主要通过大量分析各类价格走势，深刻领会市场存在的固有的、普遍的运动规律这一事实，领会江恩八分法、三分法的自然属性。每个事物的运动都具有特殊的属性，在不同的时间结构中，其波动时间、价格比率也呈现出规律性。

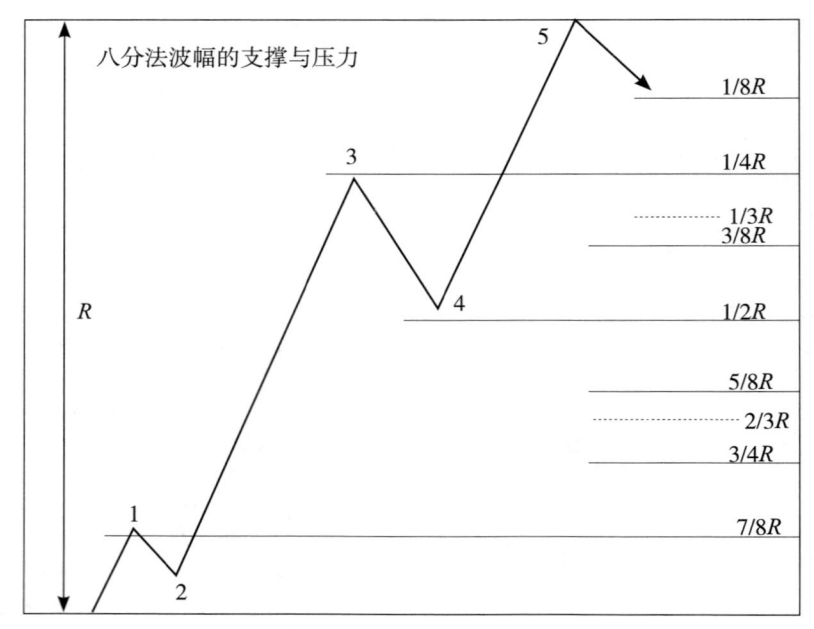

图2-2 波动幅度八分法

江恩的波动折返比率只是提供了一个分析方法，应用中还要结合股价所处的位置。例如，股价在底部区域的2浪调整，调整幅度就要深一些，一般在61.8%~80%区间；股价若是处于上升途中的4浪调整，调整幅度与江恩的波动折返比率差不多。一般情况下，如果不是3浪走出超级浪，4浪调整不会超过50%（1/2位置）。

2. 应用实例：通威股份

通威股份自2022年4月25日最低32.24元开启一波上涨行情，涨至67.86元后开始调整。这里应用八分法将上涨空间分成8份，A浪调整至1/2位置受到支撑，反弹至1/8附近受阻，向下展开C浪调整，调整至5/8（约2/3）位置止跌，调整比例及反弹位置基本符合江恩的波动折返比率，如图2-3所示。

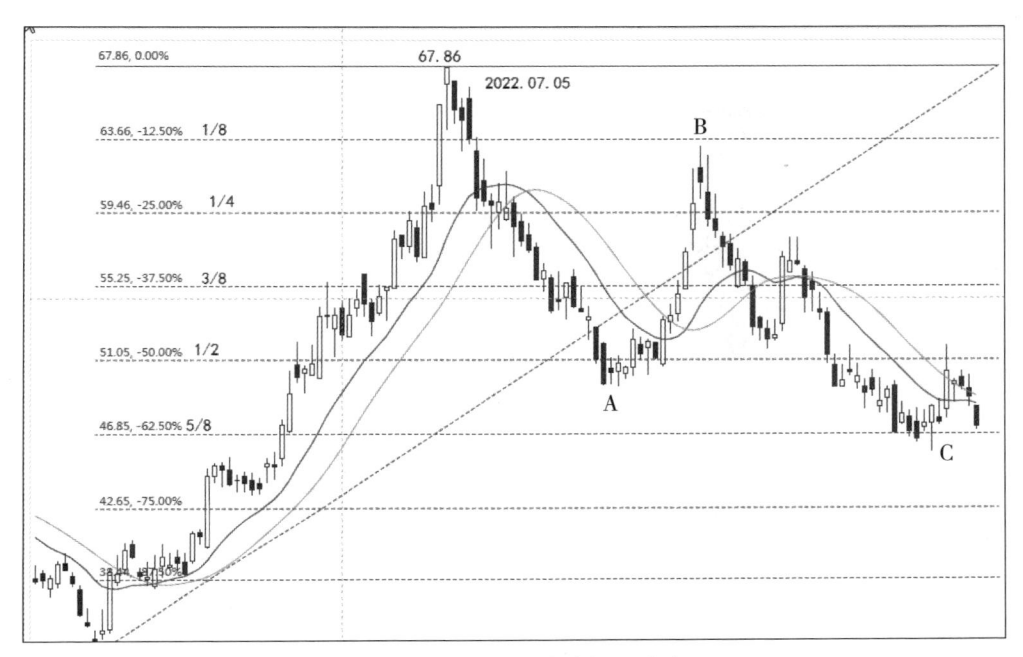

图2-3　通威股份波动折返比率

第二节　八分法、三分法应用实例

实例1　美元指数

美元指数走势起点为2022年8月11日00∶12分，最低为104.636点。8月11日16∶06分形成第1波高点105.461点，上涨幅度为0.825点。按照江恩八分法，将第1波上升幅度视为1/8位置，由此计算出八分法中的其他上升空间位置，从而完成价格空间结构分析。

时间周期分析也是一样，用一根K线表示162分钟/度，画出时间之窗的第1步是将K线设为162分钟1根，然后应用等比例周期线，将画笔从起始点向后拖到第15根K线，点击鼠标，完成美元指数（一年循环周期）时间八分法的绘制，如图2-4所示。

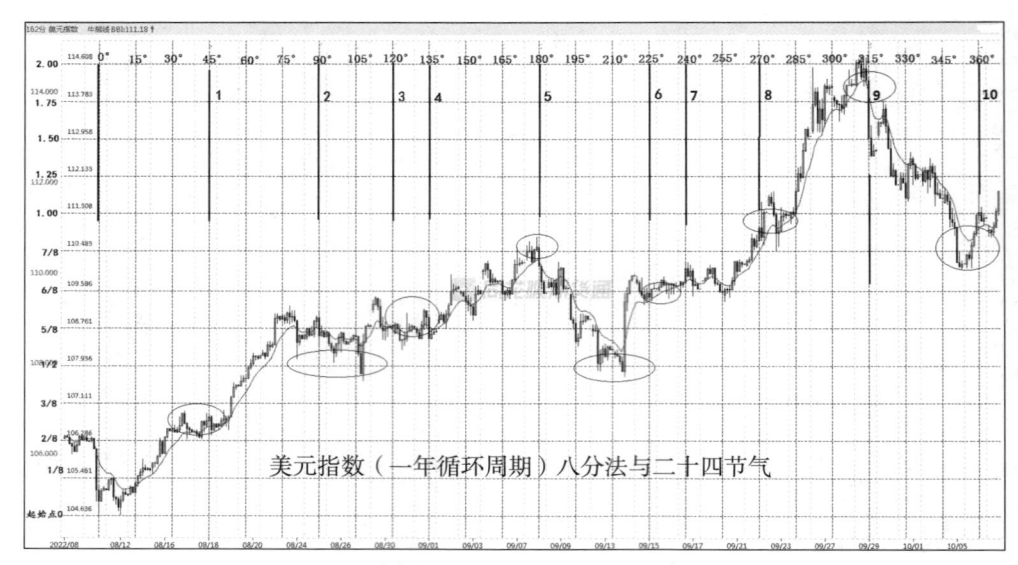

图2-4　美元指数（一年循环周期）时间与空间八分法

对于时间周期的分析，对照图2-4中时间周期波动比例图，可以看到，按八分法划分的重要位置有0度、90度、180度、270度和45度、135度、225度、315度所构成的两个四方形顶点支撑与压力位，以及由0度、120度、240度所构成的正三角形顶点支撑与压力位，这些重要的支撑与压力位在美元指数走势上表现得淋漓尽致。

价格空间周期分析也是一样，上涨至5/8、1/3、7/8位置附近受阻，回调至1/2得到支撑重新上涨，2倍、1倍也是较大的压力与支撑位置，尤其是美元指数上涨至2倍位置出现大级别调整。读者可以自己对照一下。

实例2　纽约黄金连续

纽约黄金连续走势起点为2022年8月11日22:12分，最高为1823.60美元。8月11日16:06分形成第1波低点1799.00美元，调整幅度为24.60美元。按照江恩八分法，将第1波调整幅度视为1/8位置，由此计算出八分法中的其他上升空间位置，从而完成价格空间结构分析。读者可以自己计算，计算完后画一下，这样理解得更深一些。

时间周期分析也一样，用一根K线表示162分钟/度，画出时间之窗的第1步是设置K线为162分钟1根，然后应用等比例周期线，将画笔从起始点向后拖到第15根K线，点击鼠标，完成纽约黄金连续（一年循环周期）时间八分法的绘制，如图2-5所示。

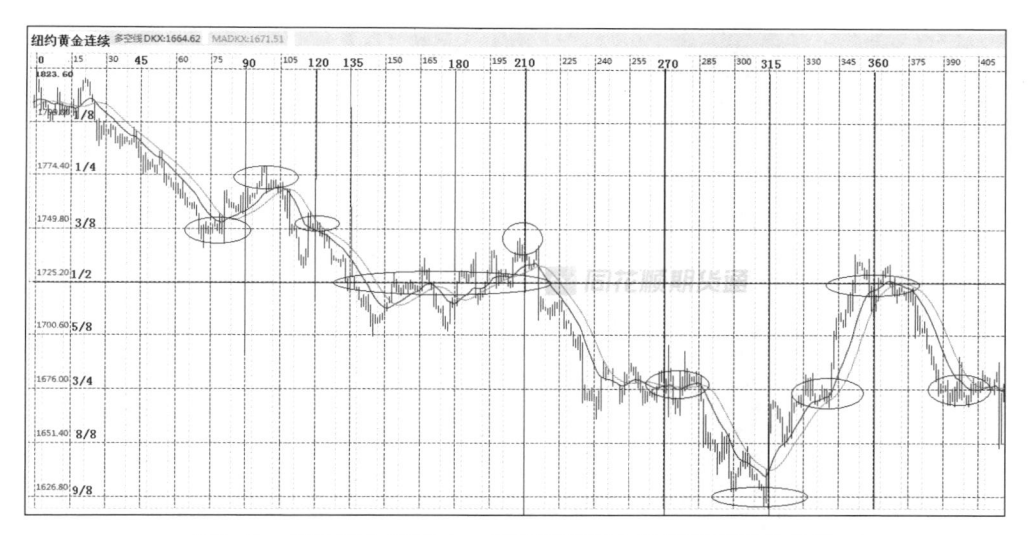

图2-5　纽约黄金连续（一年循环周期）时间和空间八分法

对照图2-5中时间周期波动比例图，可以看到，按八分法划分的重要位置有90度、120度、135度、180度、270度、315度、360度四方形、正三角形顶点支撑与压力位置。在这些位置上，纽约黄金连续都发生了变盘现象。

价格空间周期分析也是一样，上涨至1/4、3/8、1/2位置附近会受到支撑和反弹压力，尤其是1/2位置，更是主力多空双方反复争夺的重要位置。纽约黄金连续在下跌1倍位置附近得到较大支撑，出现一波较大的反转走势。读者可自己对照一下。

实例3　上证指数

上证指数自2022年7月5日最高3424.84点起开始向下调整，采用162分钟循环一年，一年循环是一个非常重要的循环周期，也是地球围绕太阳运行一周的时间，是中线时间周期分析的依据。按交易日计算，一年有243个交易日，折合成小时交易时间共有972个小时，由此计算出360度循环周期中每一度的时间是972÷360=2.7小时，也就是162分钟/度，依据江恩圆分割法将圆分成24等分，每等分15度。接下来在K线图上用一根K线表示162分钟，15根K线表示循环15度，画出上证指数一年循环周期分析图。

在调整走势分析上也一样，将第1波调整的幅度作为江恩八分法中的1/8位置，向下画出2/8、3/8、4/8、5/8位置，如图2-6所示。

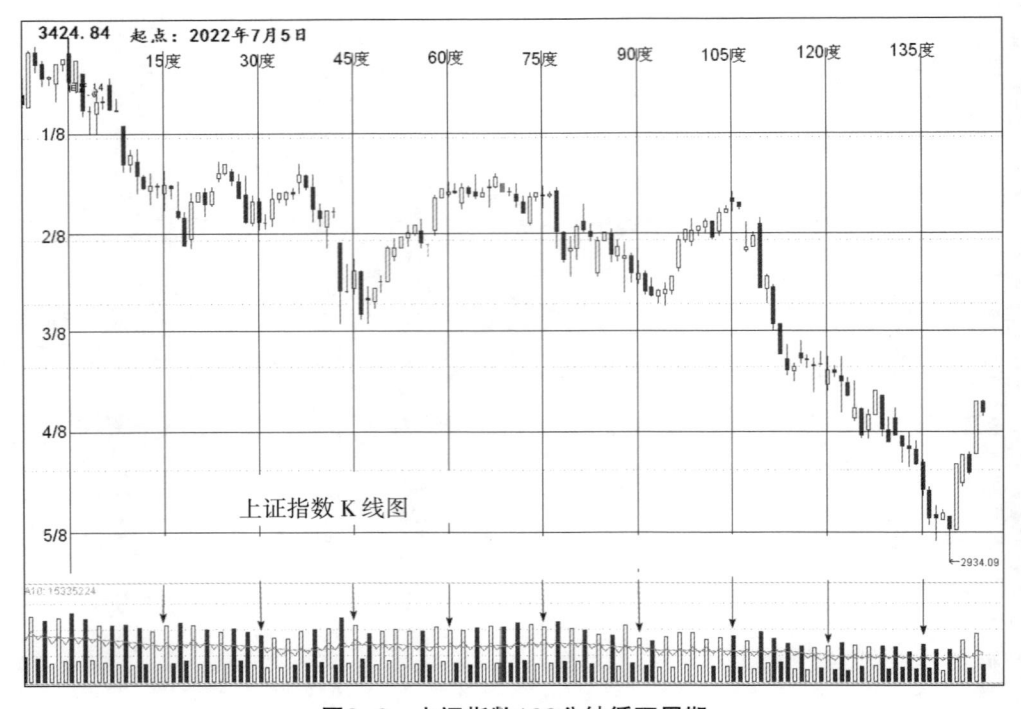

图2-6　上证指数162分钟循环周期

由图2-6可以清晰地看到，当价格调整至3/8位置，也恰好是时间周期45度附近，价格与时间发生共振，引发反弹。反弹至60度位置发生振荡，并在75度位置开始向下调整，90度位置又有一波较大的反弹。5/8位置与时间周期135度再一次发生共振，引发一波强劲反弹。

第三节　循环周期理论

时间是决定市场走势最重要的因素，详细研究大盘及个股的过往纪录，你将可以给自己证明，历史确实重复发生；而了解过往，你将可以预测将来。

——威廉·江恩

一、循环周期理论要预测什么

江恩循环周期理论主要研究三个问题：一是市场会在什么时候见顶见底？二是市场在未来某个时间的价位会是多少？三是市场在未来某个时间的走势形态是什么样？针对这三个问题，江恩指出：所有的市场顶部及底部与其他市场的顶部及底部都存在一个数学上的关系。他告诉我们：①市场见顶、见底是根据周期的规律引发的；②市场的价位是根据周期规律重现的；③市场走势形态也根据一定的时间周期重复出现。

二、以30年为基础的循环周期

受天文学的影响，江恩循环周期概念是广泛的，从细微的4分钟小循环到大至180年的超级大循环，江恩都巧妙地将其纳入在一个圆中，从而提供了一套预测价格变化的数学模型。从实际应用上看，江恩的循环周期理论主要还是以30年为基础的循环周期。江恩对于市场循环的成因没有做过多说明，但从他的应用方法上看，主要依据是自然循环法则。循环有大有小，有长期、中期、短期。循环中又有循环，互相重叠。江恩认为，在所有的市场因素中，时间因素占决定性位置。他依据自然循环法则，以一个圆形的360度作为分析架构，对市场进行循环周期分析。

如图2-7所示，江恩30年循环周期共有360个月，每度正好为1个月。将30年循环周期按八分法和三分法，可分割成9个重要年份：①3.75年——45÷12；②7.5年——90÷12；③10年——120÷12；④11.25年——135÷12；⑤15年——180÷12；⑥18.75年——225÷12；⑦20年——240÷12；⑧22.5年——270÷12；⑨26.25年——315÷12。其中22.5年、15年为长期循环周期；10年、7.5年为中期循环周期；5年、3.75年为短期循环周期。

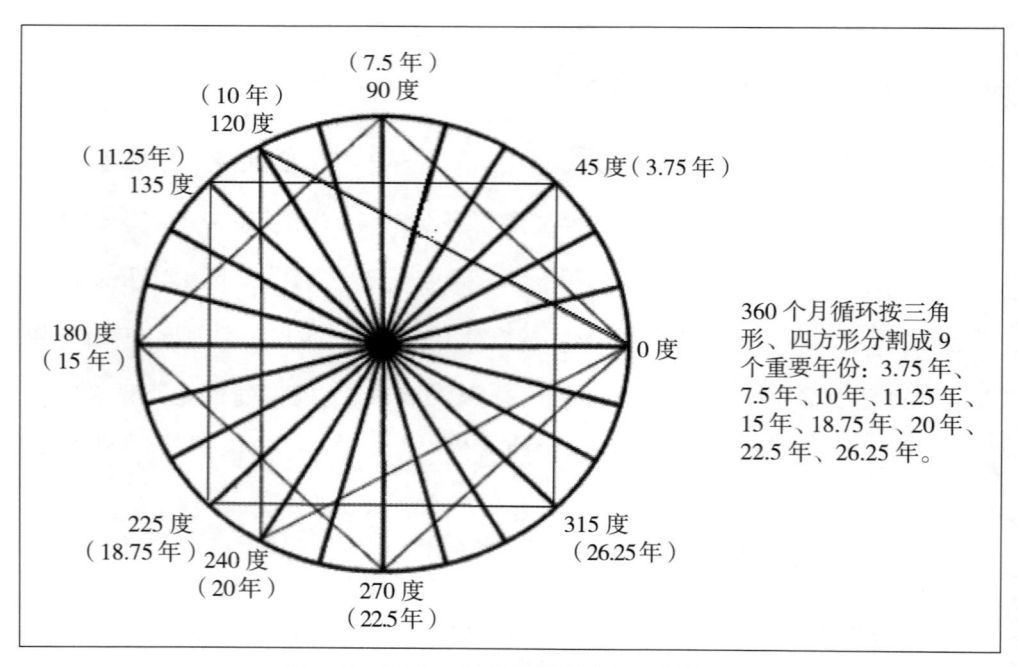

图2-7 江恩30年循环周期中的重要年份

继续细分，1年以下为操作循环周期，最小的循环周期为24小时循环周期，是短线交易中最重要的循环周期。

表2-3是江恩30年循环中的重要时间周期，其中24小时循环周期（小时）和30年循环周期（月）的具体分割比例及应用前面都讲过，将30年循环周期放在表中是为了读者对照方便。括号中小时和月是指最小分析单位。

表2-3 江恩30年循环中的重要时间周期

分割比例	0	1/8	1/4	1/3	3/8	1/2	5/8	2/3	3/4	7/8	1	八分法、三分法比例位置
时间周期	0	45	90	120	135	180	225	240	270	315	360	时间圆周八分法、三分法比例位置
24小时循环周期（小时）	0	3	6	8	9	12	15	16	18	21	24	24小时=1440分钟 1440÷360=4分钟/度
30年循环周期（月）	0	45	90	120	135	180	225	240	270	315	360	土星绕太阳一圈约等于月球绕地球360圈的时间
10年循环周期（月）	0	15	30	40	45	60	75	80	90	105	120	30年循环周期，三分法的1/3
7.5年循环周期（月）	0	10.5	21	28	31.5	42	52.5	56	63	73.5	84	30年循环周期，八分法的1/4
5年循环周期（周）	0	32.5	65	86.7	97.5	130	162.5	173.4	195	227.5	260	30年循环周期的1/6
3.75年循环周期（日）	0	114	228	303	342	456	570	606	684	798	911	30年循环周期，八分法的1/8
二十四节气循环周期（日）	春风	立夏	夏至	大暑	立秋	秋分	立冬	小雪	冬至	立春	春风	二十四节气中重要的变盘节点

三、确定日常操作的循环周期

前面介绍了江恩的循环周期划分概念，在应用中，5年以上的循环分析都是在大趋势、大结构中才能用上。实际操作中，只要将指数或个股历史上最重要的高点或低点对应的时间以表2-3中的循环周期进行对比，记住未来的时间间隔点就可以。当指数或个股接近这个时间间隔点时，仔细观察指数或个股的运行趋势变化，有准备能应对就可以。

这里主要介绍一下**笔者经常使用的三种日常操作循环周期**（本书最重要应用内容之一）。

1. 短线4分钟循环周期单位——24小时循环

在日常操作中，最重要的循环是24小时循环，即地球自转一周的时间。江恩最小循环周期单位为4分钟时间周期，是时间周期分析中最小的一个循环。一天共24小时，1小时是60分钟，一天共1440分钟。地球自转一天360度，共用1440分钟，地球自转1度用时为4分钟。所以，24小时循环中，最小循环周期为4分钟，步长为45（360度÷8＝45度，在江恩四方形、三角形中一共有9个最重要的点，间隔为45度）。

画出时间之窗的第1步是设置K线为4分钟一根，然后找到一个有意义的起始点，接下来就可以画出周期线。用画笔点击起始点，然后将画笔向后拖到第45根K线，点击鼠标，画线结束。

4分钟最小循环周期是日常短线交易循环周期，也可以将4分钟循环周期折算成日常用的周期，如15分钟，即4×45＝180分钟，间距为180÷15＝12。这样的话，24小时循环中，当步长为12时，以15分钟循环周期为单位，简化后的时间之窗所代表的位置分别是：45度、90度、135度、180度、225度、270度、315度、360度。这与江恩四方形、三角形上的9个重要位置相比，少了两个三角形上的120度和240度，实际应用中应明确这一点。当价格运动到90度、135度和225度、270度区域时，要注意观察价格变化。

2. 中线162分钟循环周期单位——1年循环

在日常交易中，1年循环是一个非常重要的循环周期，也是地球围绕太阳运行1周的时间，是中线时间周期分析的依据。按交易日计算，1年有243个交易日，折合成小时，交易时间共有972个小时，由此计算出360度循环周期中每1度的时间是972÷360=2.7小时，也就是162分钟/度。

162分钟是中线时间周期标准分析单位，也可以将162分钟循环周期折算成日常用的周期，如240分钟（日K线），即162×15=2430分钟（运转15度的时间），间距为2430÷240=10.12≈10。现在取步长为45度，转换成240分钟循环周期，1年循环周期的计量单位就成为：步长=30，240分钟循环周期（30根日K线运转45度），简化后的时间之窗所代表的位置分别是：45度、90度、135度、180度、225度、270度、315度、360度。这与江恩四方形、三角形上的9个重要位置相比，少了两个三角形上的120度和240度，实际应用中应明确这一点。当价格运动到90度、135度和225度、270度区域时，注意观察价格变化。

3. 中长线23日循环周期单位——3.75年循环

3.75年循环是一个非常重要的循环周期，是30年循环的1/8位置，这里将其作为股票中长线时间周期分析的依据。按交易日计算，一年有243个交易日，3.75年折合成交易日约为911个，由此计算出360度循环周期中每1度的运行时间是911÷360=2.53交易日/度。在江恩圆形分析系统中，江恩将圆分成24等分，每一等分是一个重要的时间之窗。每一等分对应的角度是15度。当下重点是确定循环周期单位，比如上面两个例子中的4分钟和162分钟。

受K线系统参数只能是正数的限制，必须综合计算一个合适的循环周期单位，才能正确地将循环周期表达在K线上。江恩八分法的最小单位是45度，计算一下，45度是45×2.53=113.85个交易日，考虑到分割整数公约数，这里取115个交易日，115的整数公约数只有5和23。也就是说，循环周期单位只能选择5和23。选择5个交易日（周K线）为循环周期单位，步长23为江恩八分法的最小单位。

简化后的时间之窗所代表的位置分别是：45度、90度、135度、180度、225度、270度、315度、360度。这与江恩四方形、三角形上的9个重要位置相比，少了两个三角形上的120度和240度，实际应用中应明确这一点。当价格运动到90度、135度和225度、270度区域时，注意观察价格变化。

四、应用实例

1. 宁德时代以周K线为循环周期单位

按照江恩八分法最小单位是45度，45度×2.53交易日/度=113.85个交易日，考虑到分割整数公约数取115个交易日，115的整数公约数只有5和23。也就是说，循环周期单位只能选择5和23。

循环周期线画法：①选择原始起点作为画线起点；②选择5个交易日为循环周期单位；步长23为江恩八分法的最小单位。用等比例周期线，将画笔放在起点上，向后拉23根周K线，即完成画线，如图2-8所示。

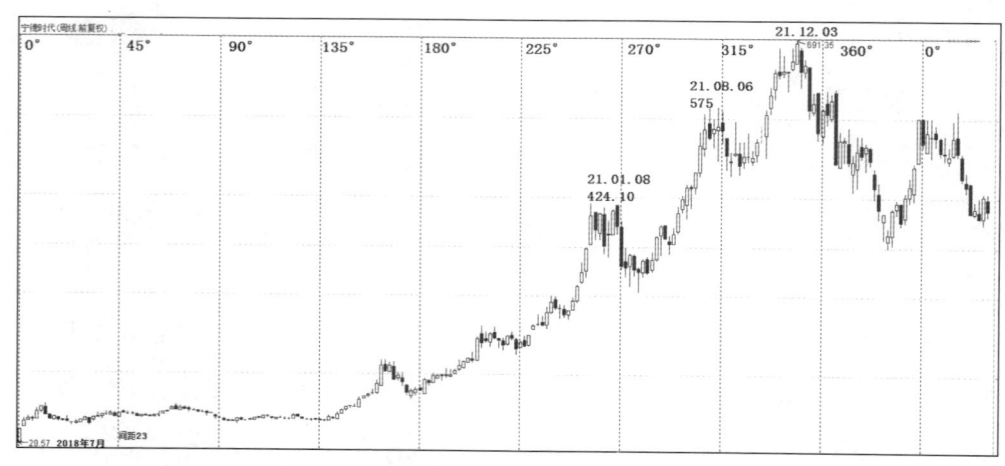

图2-8　宁德时代以周K线为循环周期单位

3.75年循环是一个非常重要的循环周期，是中长线时间周期分析依据。在应用中，必须对循环周期中的重要时间之窗有所警惕。如时间之窗接近或到达270度、315度附近时，就要应用120分钟（中线）循环周期单位做进一步细化分析。

2. 宁德时代以120分钟为循环周期单位

如图2-9和图2-10所示，两张图是同一个循环周期分析，只是为了能看得更清晰，才将两张图分开。120分钟循环周期线画法：①选择2020年3月23日104元作为画线起点；②选择120分钟K线作为循环周期单位；20根K线运行角度为15度，也是江恩八分法的最小单位。用等比例周期线，将画笔放在起点上，向后拉20根K线，即完成画线。

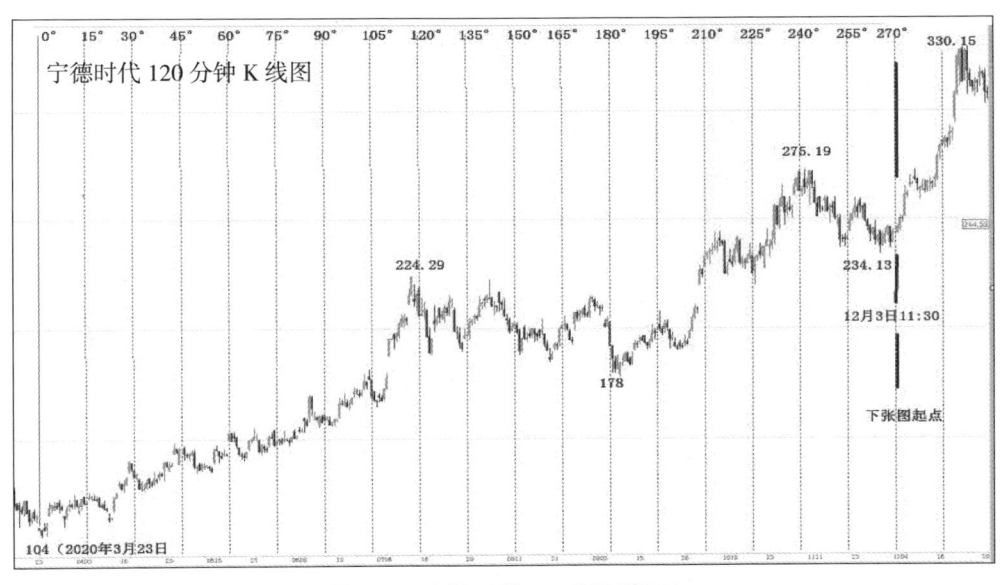

图2-9　宁德时代120分钟循环1

3. 循环周期综合分析

循环周期综合分析最重要的是时间与时间共振——较小级别循环周期运行到时间之窗位置附近，与高一级别循环周期的时间之窗位置相遇，就会发生共振现象，如宁德时代周K线270度时间之窗与120分钟的315度时间之窗

（见图2-10）。详细分析这里不再赘述，读者必须对照例子中的数据，自己在电脑上画一画，仔细对比才能领会其中的奥妙。

另外，时间之窗测量工具有多种，如周期尺、斐波那契线、斐波那契时间以及江恩周期线等。无论是哪种测量工具，大家必须知道它的原理是什么，这样才能用得好。还要强调一点，时间之窗工具不存在准与不准之说，

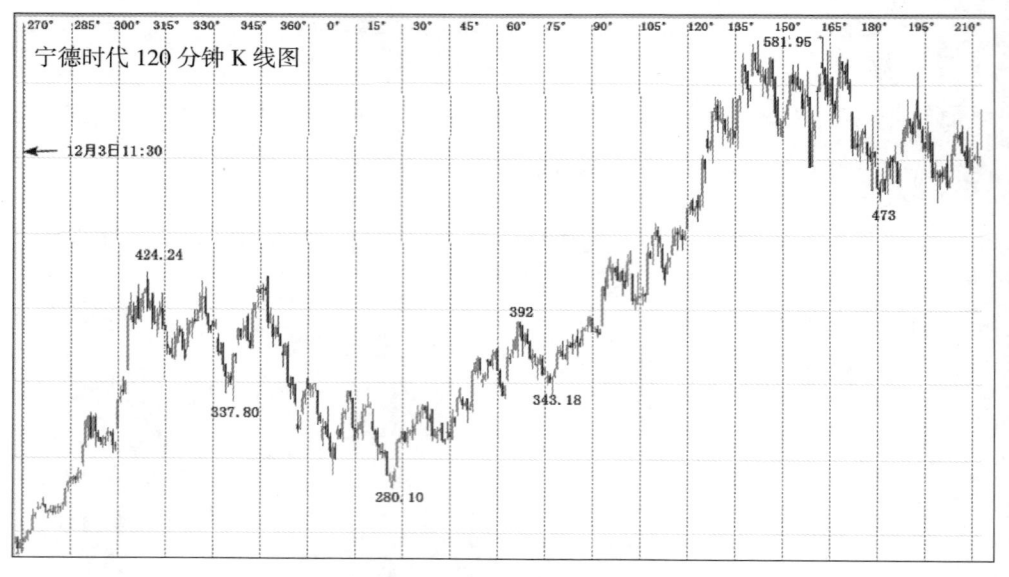

图2-10　宁德时代120分钟循环2

只能说因股而异。K线背后是人，控盘主力性格习惯不同，时间之窗就不一样。因此，若想准确地掌握时间周期，就必须应用多种时间之窗分析工具对个股大小长短周期进行全方位分析，找到符合主力控盘周期的时间之窗分析工具。这与平常的工作一样，你若想洞察领导的意图，就必须深入了解他的性格习惯以及行为准则。

上面介绍的循环周期分析方法是江恩"轮中之轮"时间之窗分析方法，相对来说还是比较准的，尤其是在外汇、黄金、原油这种流动性比较强的品种上。对股票市场也一样，流动性越好，准确性就越高。

第四节 时间之窗分析工具

在选择时间之窗分析工具时，大智慧免费软件中的分析和画图工具比较好用，下面为大家介绍如何使用这些工具。

一、周期尺的应用

周期尺是以一波上涨或下跌的运行时间为基础，应用黄金比例0.382、0.618、1、1.382、1.618、2、2.382、2.618、3、3.382、3.618……来判断未来时间之窗的一个画图测量工具。

如图2-11所示，2020年3月19日上证指数自低点2646.80点启动了一波上涨行情，7月9日到达高点3456.97点（11日高点量价背离，属于虚假高点），这波上涨属于一个大级别（3）浪中的第1浪。

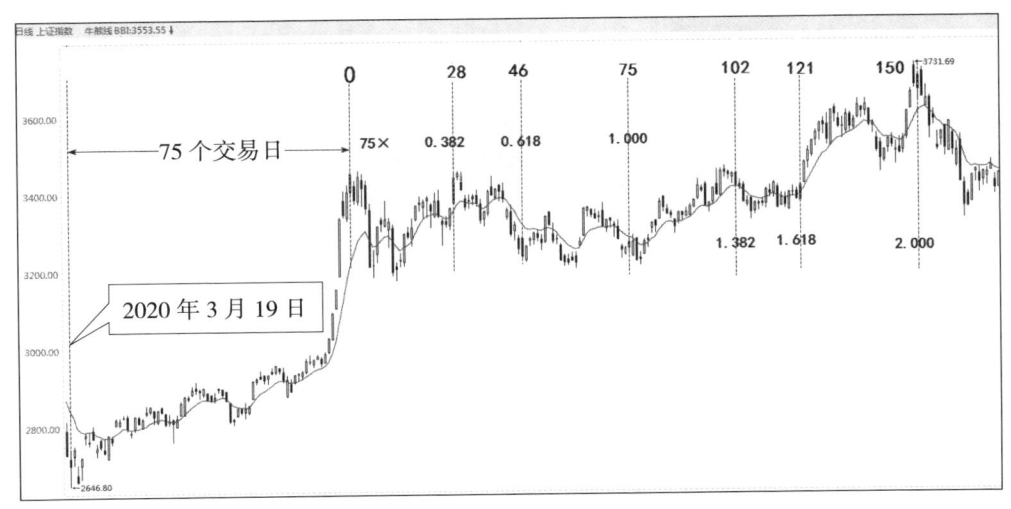

图2-11 应用周期尺画出的上证指数时间之窗

上证指数的这波上涨行情共运行75个交易日,第1个调整的时间之窗是0.382位置,时间是75×0.382=28天;第2个位置是75×0.618=46天;第3个位置是75×1=75天。以此类推,可以得到后面的时间之窗。从图2-11可知,这个时间之窗还是相当准确的。

二、周期尺的绘制

周期尺的绘制方法:选中周期尺,连接一波行情的起点和终点即可完成画图,虚线是自动产生的,可作为预判后市的时间之窗。如果起点和终点连接得不准,可以右击鼠标,选择编辑画线,校正起始点的数据值及日期。

如图2-12所示,中科创达以2018年10月19日为起点的走势中,1浪共运行91个交易日;0.618位置之后出现了2浪低点;1.618位置恰好是3浪ii的终点,也是突破1浪后出现的最佳买点;2.618位置可以说基本上是3浪高点;3.618位置也恰好是5浪高点。还有3浪iv也在时间之窗2.382左右,3浪i高点在时间之窗1.382附近。

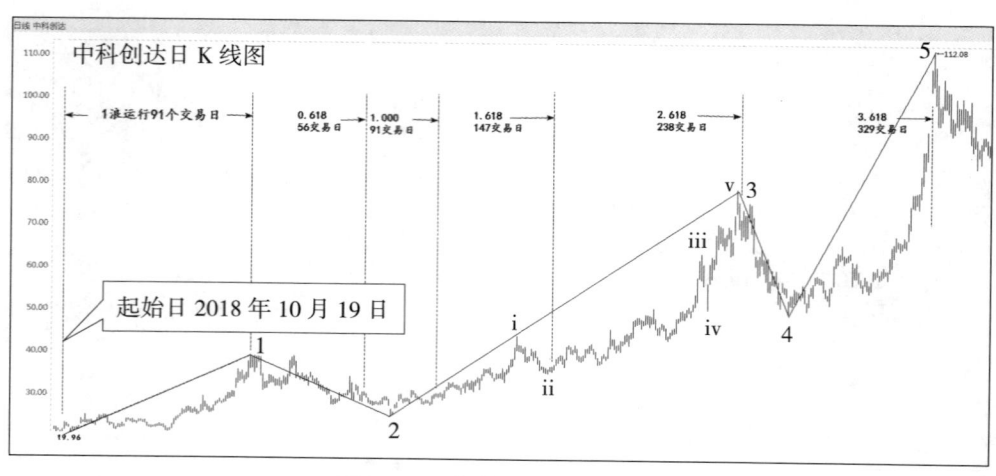

图2-12　中科创达时间之窗1

从图2-12可以看出，不仅时间之窗精准得难以想象，而且最主要的高低点都在最主要的黄金比例0.618、1.618、2.618、3.618的位置上，这种主要对主要、次要对次要的排列方法绝非偶然，体现了价格运动的自然协调性。

周期尺还有一种应用方法，就是以推动浪与调整浪的运行时间为基础数据，测量后边走势的时间之窗。

如图2-13所示，画图方法是点取周期尺，连接推动浪的起点和终点，然后将画笔转向调整浪终点，画图完毕，虚线是自动产生的，可作为预判后市的时间之窗。同样，这种画法也可校正，右击鼠标，在出现的编辑框中有三个点，价位与时间都可以校正：推动浪起点、推动浪终点、调整浪终点。

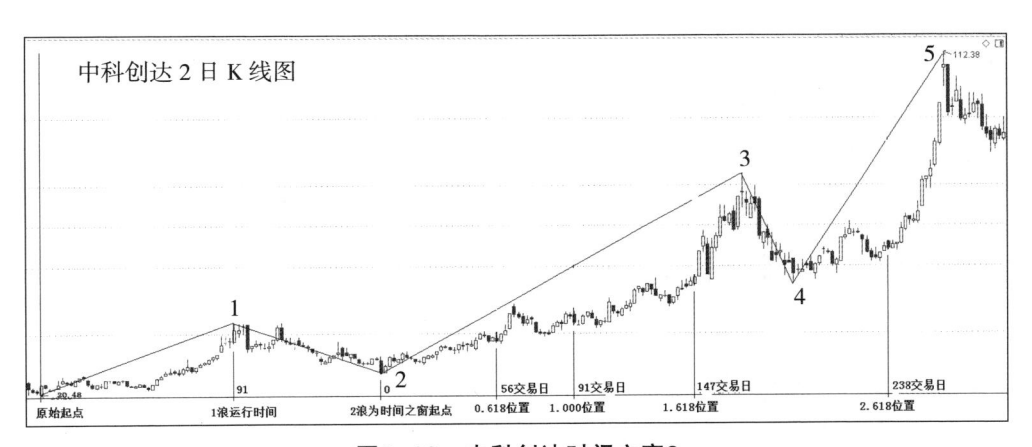

图2-13　中科创达时间之窗2

这种画法理论上依然是以推动浪1浪的运行时间作为依据，只是将预测时间之窗的起点移动到调整浪2浪的终点。可以看出，采用这种方法得出的未来时间之窗没有第1种准确。但是要注意，准确或不准确与哪种方法无关，主要是主力资金运作时间周期不同，股票走势的时间之窗就不同。分析操作时两种方法都要试，首先在子浪上试，也就是说，在1浪 i 和1浪 ii 上试。如果都不准，就采取其他方法。

时间之窗之所以难以找准，就是因为主力资金的操作手法不同。人的性格不同，习惯不同，做事的方法和步骤也不同，若想合作，就必须先对其进行了解。要因人而异，不能用一两种方法对待所有人。

三、斐波那契时间之窗

1. 斐波那契线

斐波那契线应用起来很简单，只要找准起点，用画笔在起点上一点，一个0、1、1、2、3、5、8、13、21……的斐波那契数列就出来了，数列中的每一个数都是未来时间之窗。这里就不举例介绍了。在大智慧免费通用版里，这个工具叫"费波拉契线"，应该是翻译有误，名字不重要，知道怎么用就可以。

2. 斐波那契时间

斐波那契时间是以0.382、0.618、1.000、1.618、2.618、4.236、6.854……数列为基础展开的。斐波那契时间的画法也很简单，由两个点构成：画笔起点一般选1浪的起点，画笔的第二个点是斐波那契时间数列中的1.000时间之窗位置。将第二个点落在K线图的什么位置是个关键问题。

如图2-14所示，这里将第二个点落在2浪终点位置。1浪、2浪内部结构是一个完整的5-3结构，也是多方与空方进行博弈时多方胜利的表现，是价格形态分析的基本单位。在实际画图中，移动画笔到第二个点的同时，要注意0.382和0.618这两个点是否与价格形态位置特征相符，如果这两个点中的一点也恰好在1浪高点附近，就说明时间之窗对未来的预测准确性会大一些。

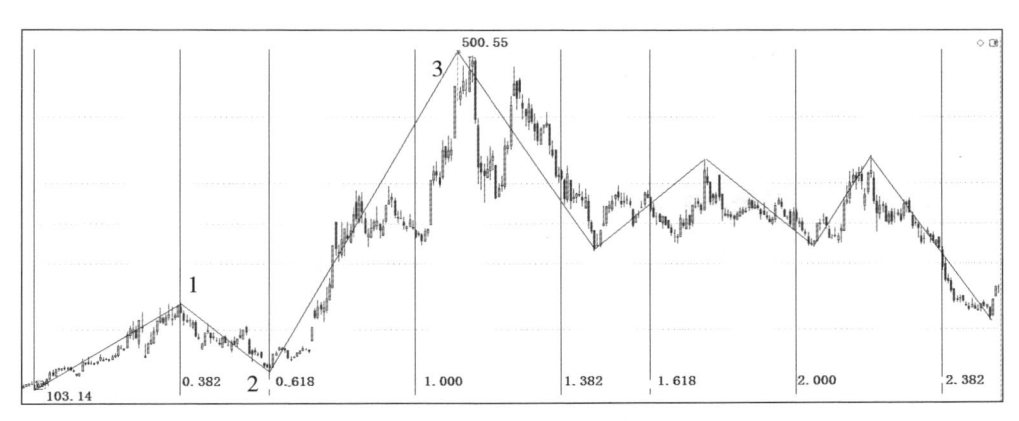

图2-14 安集科技斐波那契时间

第五节 WZ 时间周期分析法

一、WZ时间之窗修正系数表

表2-4 是WZ时间之窗修正系数表，其中的修正系数是笔者应用十几年数据，通过计算机分析、校正的结果，主要是江恩"轮中之轮"循环周期理论的实践，读者可根据下面所讲的方法直接应用。若想用好，就得多找些个股，多练一练。只有了解了这种方法的可靠性占多大比例，才能更好地应用它。

表 2-4 WZ 时间之窗修正系数表

初始周期——W	4	5	6	7	8	9	10	11	12	13	14	15	16	17	18	19	20	21	22	23	24
修正系数——Z	+2	+2	+2	+1	+2	−1	+4	+5	−3	+3	+5	+8	−4	+4	−4	+1	+4	+7	−5	+9	+8
画线起点间距	6	7	8	8	10	8	14	16	9	16	19	23	14	21	14	20	24	28	17	32	32

其中，W为初始周期，即初始步长（小时、日线、周线、月K线）；Z为时间节律修正系数。

二、WZ时间之窗的绘制

W为初始周期，是一波上涨或下跌行情的运行周期K线数量，也是测量后市的时间周期值。节律系数时间之窗的具体画法是，以初始趋势运行周期数为时间之窗周期数，起点为第W+Z根K线，画出等比例WZ时间之窗。

实例1　东方雨虹左侧分析

如图2-15所示，东方雨虹从2021年6月4日的63.92元起开始调整，这一波调整从最高点到最低点共用9周。数K线数量的原则是：数低点就不数高点，所以W=8；从节律表中可查得Z=+2，间距为10。从6月4日起往后数10周就是画线的起点，应用等比例时间之窗线，画出时间周期为8周的节律系数时间之窗。

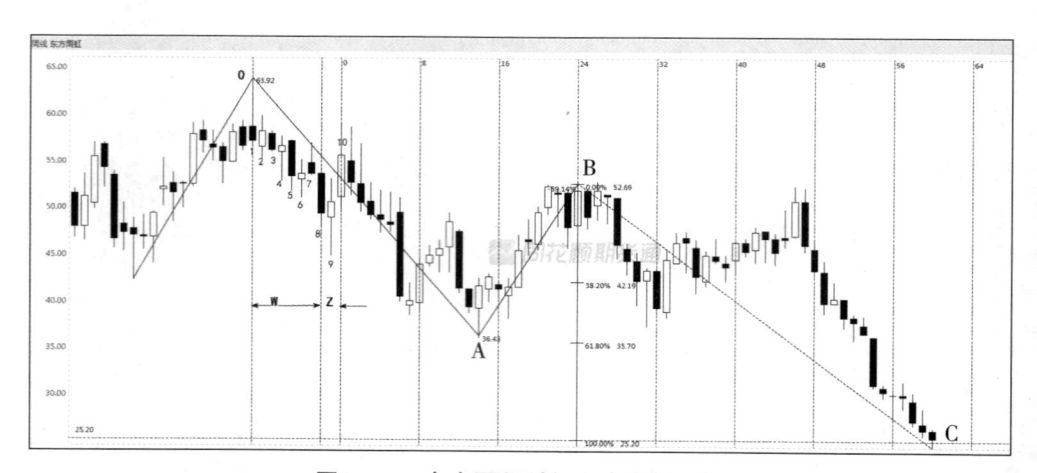

图2-15　东方雨虹时间之窗左侧分析

实例2　东方雨虹右侧分析

如图2-16所示，东方雨虹以2021年3月12日最低点42.21元为起点，到上涨最高点63.92共用13周，由数K线数量的原则可知W=12，从节律表中可查得Z=-3。从3月12日起往后数9周就是画线的起点，应用等比例时间之窗线，画出时间周期为12周的节律系数时间之窗。

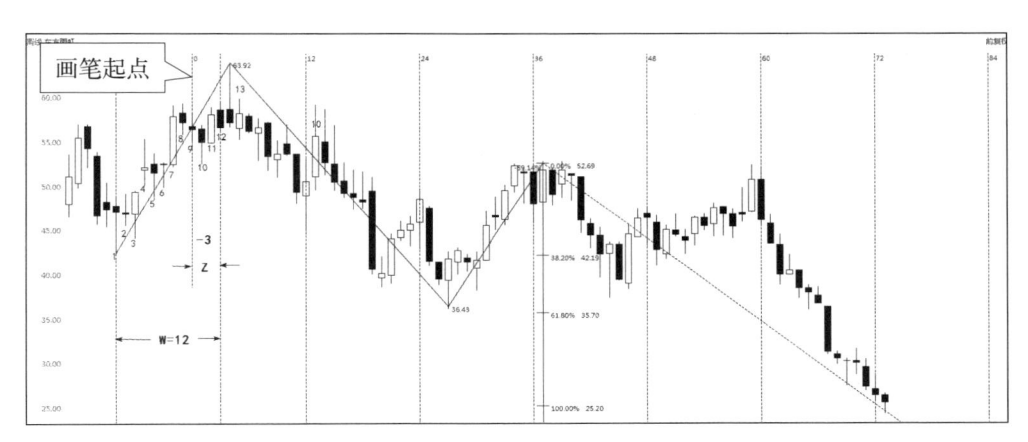

图2-16　东方雨虹时间之窗右侧分析

三、初始周期（W）的选取原则

1. 完整趋势原则

初始周期可以在30分钟、60分钟、日线、周线或月线等任何周期的K线上选择，但必须是一段完整的趋势运行周期，选取的都是分析周期框架内的阶段性高点和低点。

2. 必须遵从道氏理论对趋势的定义

道氏理论对多头市场的描述：多头市场由一系列不断上升的高点与不断上升的低点组成，价格调整只要不跌破前低点，就不能判断上升趋势结束。

道氏理论对空头市场的描述：空头市场由一系列不断下降的高点和不断下降的低点组成，反弹价格只要不突破前高点，就不能判断下降趋势结束。

3.阶段性趋势的划分原则

W的选择应是一波上涨或下跌行情的启动源头，必须是已经完成的、连续的运行趋势。如3浪已经终结，且出现阶段性高点，价格跌破3浪上涨趋势线，反弹没有创出新高，也就是说4浪调整也已经完成了A浪中的a、b两个小浪的调整，这才能选择3浪中的V浪运行周期作为W——测量周期。

4.周期共振

请仔细看上面两个案例，以2021年6月4日最高点63.92元为分界线，采用左右两侧一波上涨周期和一波调整周期，分别测量后市的时间之窗，两种测量结果共振区域形成变盘的可靠性会更大。

第三章
江恩几何分析法

江恩几何分析法包括圆、四方形和三角形分析法。江恩几何分析法的思维逻辑是星象学、天文学的自然运行法则及衍生和演绎规律。江恩将圆视为一个循环周期（1天、1周、1月、1季或1年），依据天文历法将圆划分为24等分，之后在圆内画出四方形、三角形。其中，四方形、三角形在圆周上的点就是价格走势的重要支撑与压力位置，可作为技术分析的重要参考点。笔者在全面解析江恩几何分析法的同时，有两大创新。

（1）依据四方形原理，推导创新出八分法、三分法以及斐波那契两种空间结构分析方法。

（2）依据"轮中之轮"原理，推导出可直接在K线图上使用的长、中、短时间之窗应用数据，最小的循环单位为4分钟短线时间之窗。

这两大创新意义非凡，直接将江恩几何分析法转化到了K线图上，应用画线将未来价格上涨或下跌的空间结构与时间之窗直观地表达在了K线图上。若再结合趋势线，则构成一个时间、价格、趋势立体的分析模式。

第一节　江恩四方图记录分析法

一、江恩四方图的绘制规则

江恩的价格四方图主要用于分析价格的支撑位、阻力位，其绘制方法非常简单，最主要的是必须先确定两个参数：①历史性的高位或低位价格；②价格上升或下跌的步长。

上证指数在2001年6月14日到达高点2245点，步长为–9。江恩四方图的绘制以历史高点2245点，步长为-9开始，按顺时针方向（调整）一个一个地递减，逐渐形成一个连绵不断、扩展开来的江恩四方图，如图3-1所示。

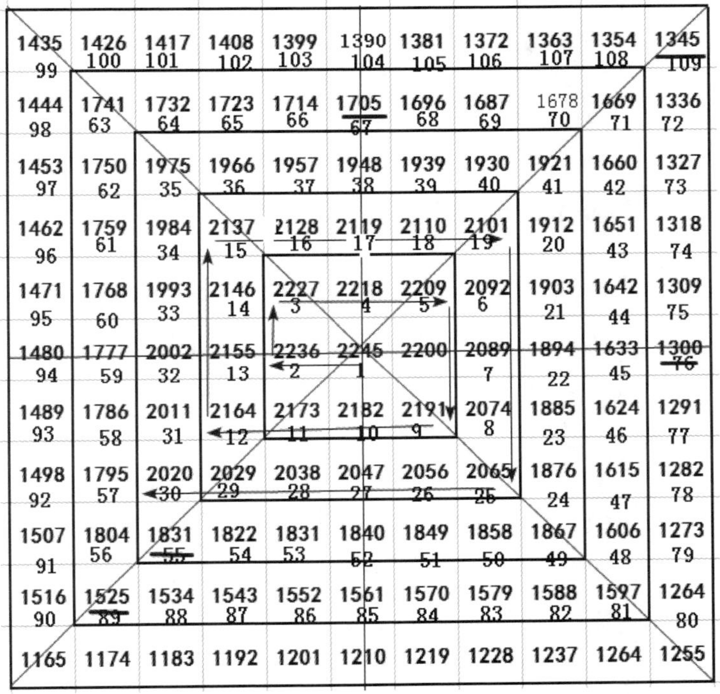

图3-1 上证指数（2245点）调整支撑与压力位四方图

分析判断市场重要的支撑和阻力位的依据是：①两条对角线上的价位；②中心十字轴上的价位。图3-1中59位置的1777点与2001年12月5日的高点1776点，仅差1点；89位置的1525点与2001年10月22日的低点1514点，也仅差11点；109位置的1345点与2002年1月29日的低点1339点，差6点；67位置的1705点与2002年3月21日的高点1693点，差12点。

二、江恩四方图的形式与含义

（1）江恩四方图的形式：①上升趋势中，一个以逆时针按固定步长无穷增长的螺旋形态；②下降调整趋势中，一个以顺时针按固定步长无穷增长的螺旋形态；③起点——四方图的中心是市场历史性高点或低点，按固定步长以螺旋形态延伸。

（2）江恩四方图的含义。仔细观察一下，第1层8个步长、第2层16个步长、第3层24个步长……第n层是$8n$个步长。因此，四方图的含义是所计算的阻力与支撑位以8、16、24……为单位的数学级数。

三、江恩四方图轴线和对角线的特征

江恩四方图的展开形式与黄金螺旋一样，都是从一个中心以螺旋形态向外扩展，不同的是江恩四方图是以等差级数生长，而黄金螺旋是以对数级数生长。二者增长倍数不同，黄金螺旋倍数单位为黄金分割比率1.618倍。

江恩四方图轴线和对角线的特征如下。

（1）斐波那契数列：1、2、3、5、8、13、21、34、55、89……中，1、2、3、5、55、89都落在江恩四方图的轴线和对角线上，而8、13、21、34都偏差了一个位置。这也进一步证明了江恩四方图的轴线和对角线上的阻力与支撑位作用。

（2）江恩四方图右下角对角线上的数字：1、9、25、49、81、121……分别是奇数的平方。

（3）江恩四方图左上角对角线上的数字加1是：4、16、36、64、100……分别是偶数的平方。

也就是说，对于以某价位为起点的上升趋势行情，可能在这个价位的平方位置结束；对于以某价位为起点的下降调整趋势，则可能在这个价位的平方根位置结束。这也是判断阻力与支撑位的依据。

四、步长的确定

步长的确定原则：选择波动率作为步长或者0.001、0.01、0.1、1.0、

10、100……作为步长。波动率是依据某一段上升或下跌行情中指数或价格走势确定的，不同的K线类型需要选择不同的步长，是一个比较难且不好确定的问题。若想找准，就必须对你分析的这段行情大小周期高、低点循环K线数进行全方位计算分析，才能大概确定。

（1）选择波动率作为步长。波动率是在一段时间内市场波动的点数和时间长度关系的固定常数，选择波动率作为步长，不但考虑了价位的支撑和阻力位置，同时也考虑了时间是否到达了重要的支撑与阻力位。当时间和价位同时到达支撑和阻力位时，也就是"时间=价格，价格=时间"，市场才有可能转势。

（2）选择0.001、0.01、0.1、1.0、10……作为步长。任何事物的发展过程都是由量变到质变逐步演变的，而量变总是以最小单位为计量单位，0.001、0.01、0.1、1.0、10……作为步长生长的最小计量单位，属于自然生长步长，可以代替指数或个股以特定波动率确定的步长，关键是简化了应用的复杂性。

步长问题是江恩分析法中的一个关键问题，四方图、六边形、轮中之轮都牵扯到这个问题。

五、应用实例

实例1　上证指数四方图的绘制与应用

上证指数在2019年1月4日到达高点2440.91点，步长为9。江恩四方图的绘制以高点2440点，步长为9开始，按逆时针方向（上涨趋势为正方向）一个一个地递增，逐渐形成一个连绵不断、扩展开来的江恩四方图，如图3-2所示。

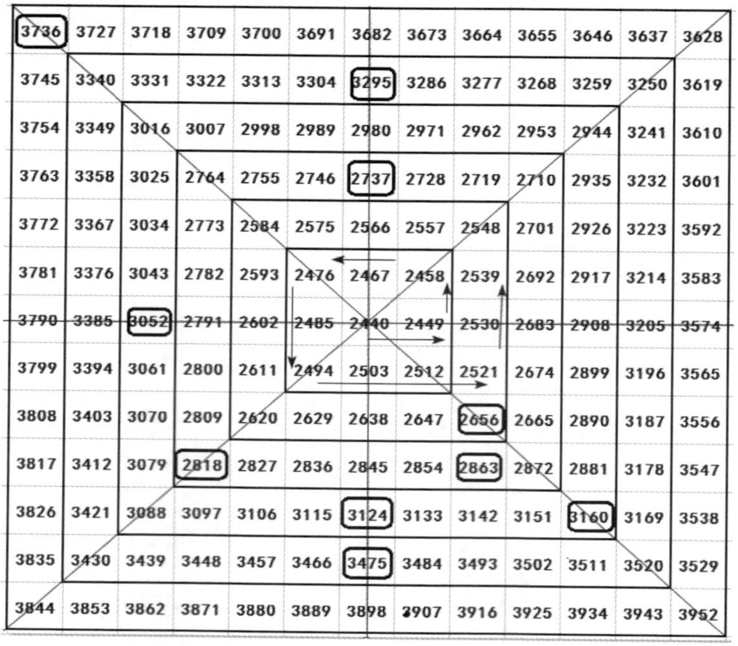

图3-2 上证指数（2440点）上涨压力与调整支撑位四方图

应用江恩四方图分析市场支撑与压力位，就是注意图中轴线、对角线上的指数点位。当上证指数临近或到达江恩四方图中轴线、对角线上的点位时，就要注意价格波动是否受到阻力或支撑，并结合时间之窗和趋势线、成交量来确定。

图3-2中用黑框标注的位置都是上证指数从2019年1月4日低点2440.91点为起点以来的重要转折点。具体时间及指数为：①2019年3月7日上证指数高点3129.94点；②2019年4月8日第1波上涨高点3288.45点；③2019年6月6日第1波调整低点2822.19点；④2019年7月2日阶段性反弹高点3045.37点；⑤2019年8月6日再次下跌低点2733.92点；⑥2020年3月9日创出调整低点2646.80点；⑦2020年7月13日高点3458.79点；⑧2021年2月18日高点3731.69点；⑨2022年4月29日调整低点2863.65点。

应用江恩四方图分析市场支撑与压力位，必须亲自动手绘制这张图，才能明白其中的奥秘。其实很简单，江恩四方图是以等差级数生长形式展开的，最关键的是步长的测算问题，这个问题比较复杂，直接采用0.1、10也可以，虽然准确度差一些，但预测指数或价格压力位与支撑位，本身就是一个大概范围，是提醒投资者当价格进入支撑与压力区域时，注意观察、分析价格及成交量的变化。如两个或两个以上的因素发生共振，那么市场指数或价格压力与支撑位的作用就大，就可能变盘转势。

实例2　宁德时代四方图的绘制与应用

宁德时代在2020年3月23日到达低点103.90元，步长选取最小计量单位1。江恩四方图的绘制以低点104元，步长为1开始，按逆时针方向（上涨趋势为正方向）一个一个地递增，逐渐形成一个连绵不断、扩展开来的江恩四方图，如图3-3所示。

对角线、中轴线上的价格是重点关注的阻力与支撑位，当价格临近或到达江恩四方图中轴线、对角线上的点位时，要注意价格波动是否受到阻力或支撑，并结合时间之窗和趋势线、成交量来确定。

图3-3中用框线标注的位置都是宁德时代从2020年3月23日低点103.9元为起点以来的重要转折点。重要转折点的具体时间及价格为：①2020年7月17日高点223.40元，表中为227；②2020年11月6日高点274.34元，表中为275；③2021年1月8日高点424.10元，表中为432；④2021年3月26日调整低点279.16元，表中为282；⑤2021年7月30日高点581.55元，表中为572；⑥2021年8月20日调整低点469.23元，表中为469；⑦2021年12月3日高点691.35元，表中为694；⑧2022年1月14日第1波调整低点523.59元，表中为530；⑨2022年5月6日调整低点352.25元，表中为348；⑩2022年10月14日调整低点391.23元，表中为396。读者可自己对照一下，图中日期为周K线上的日期。

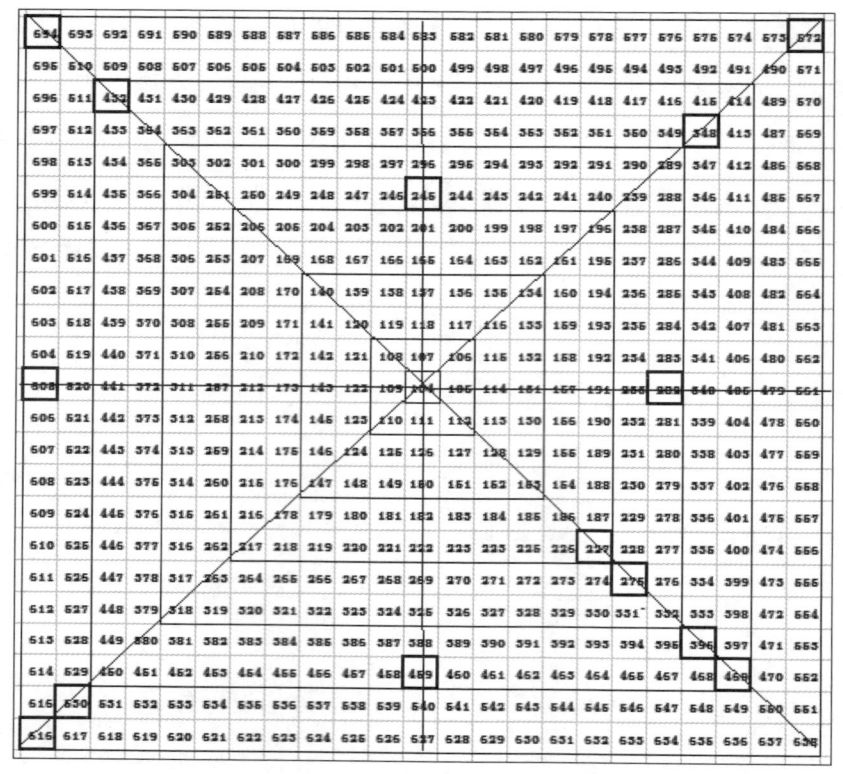

图3-3 宁德时代（104元）上涨压力与调整支撑位四方图

第二节 应用斐波那契数列分析价格空间结构

前面介绍江恩四方图时，发现江恩四方图中轴线和对角线上的1、2、3、5、55、89 项和稍有偏差位置的8、13、21、34项，都是斐波那契数列1、2、3、5、8、13、21、34、55、89……中的各项。这提供了一个应用斐波那契数列分析价格空间结构的依据，将斐波那契数列与黄金矩形结合，假定0.236为黄金矩形最小的一个边长，则以黄金比例表达的斐波那契数列为0.236、0.382、0.618、1.000、1.618、2.618、4.236、6.854……只要确定0.236的初始波动幅度，就可以计算出江恩四方图的中轴线和对角线上的阻力与支撑位，也就可以顺理成章地应用斐波那契数列预测未来价格空间的阻力和支撑位以及价格上涨与下跌的目标位。

一、斐波那契数列和人类行为

历史是一项伟大成就最好的纪录者，善于观察对那些钻研未知领域的人表现出更大的包容性，从中国古老的易经八卦到占星术，都有着大量的追随者，其原因可能与其都是以大自然物理现象为研究对象有关，比如以行星和恒星运行规律为理论基础，分析自然界行星和恒星位置与人格特征分类，根据行星、卫星和彗星之间的相关性来预测交易群体的行为。物理学证实了月球和行星所在的位置、可释放的能量以及相应的重力现象，可以直接导致像钱塘江大潮等天气的物理现象，而它们也可能对人类行为产生合理的、可测量的影响，这也是这里要讨论的主题。先看看自然界中迷人的对称主题：水晶、雪花、球形行星和人体都是对称的形状。太阳黑子、日食和其他现象的周期性已被解析，但是，它们对人类行为的影响还不为人所知。

1904年，有科学家揭示了植物叶状排列与斐波那契数列的相关性。同样，斐波那契数列中的数字序列也具有人类行为的属性，人类历史上很多重要的事例都被赋予了有趣的巧合。价格走势是人类的大众行为，斐波那契比率成为价格分析的重要组成部分，也是斐波那契数列对自然规律的分析解释。

斐波那契数列1，1，2，3，5，8，13，21，34，55，89，144……中前两个数字代表最原始的一对兔子，数列的每一项元素都是前两项的总和。有人说，这个数列归功于斐波那契对吉萨大金字塔的观察，而这个金字塔建于史前的象形文字时代，其中包含了斐波那契所观察到的许多特征。在金字塔的几何形状中有5个面和8条边，总共有13个面和边，任何一方都可以看到三条边。更具体地说，吉萨大金字塔是5813英寸高（5、8、13），英寸是标准的埃及计量单位；这个比率的数值是0.618，巧合的是，这一比值与任意两个连续的斐波那契数的比值是相近的，例如2/3=0.667、3/5=0.600、5/8=0.625……89/144=1.618。

吉萨大金字塔的另一个现象是，以英寸为单位的4条边的总面积是36524.22，正好是光年距离的100倍，这也是斐波那契数列解析时间因子的实例。在斐波那契数列中，$F_n/F_{n+1}=0.618$；其倒数$F_{n+1}/F_n=1.618$，这个称为"黄金比例"的比例关系更是引人注目，并已经把它们用在诸如卡农神庙、菲迪亚斯雕塑和古典花瓶一类的建筑和艺术品之中；达·芬奇也有意无意地将这一比例运用到了他的艺术品中。一直以来，伟大的数学家毕达哥拉斯也留下了一个象征着"宇宙的秘密"的三角形符号。

科学家在探讨向日葵的生长规律时指出，向日葵生长规律中有一种正态规模（5~6英寸）显示了89条曲线，其中，55条方向相同，34条方向相反，而且它们均符合连续的斐波那契数列。在观察其他规模的向日葵时，他发现曲线的总数正是斐波那契数（最多为144），这两个数字所描述的曲线分布情境则完全符合斐波那契数列中前两个数字之和等于后一个数字。根据斐波那契数列的比例，鹦鹉螺形态被认为是黄金螺旋的自然表现形式。自然界中蜂巢也是斐波那契数列的完美复制。

斐波那契数列所反映的是自然界的生长规律，它已经超越了其普通的功能，数列中的数字频繁或偶然地出现在自然世界的每一个角落。

人体有五大器官；胳膊和腿都由3个部分组成；有5个手指和脚趾，除拇指和大脚趾外，每个手指和脚趾都由3个部分组成；有5种感官。

音乐方面，八度是指8，钢琴上有8个白键、5个黑键，共13个，有三种主要的颜色。

建筑与美术方面，著名的建筑和绘画都符合黄金比例，包括人们认为美的、协调的物体。

人类的情绪周期方面，33~36天，这一结果由雷克斯·赫西研究得出。

上述范例模式并不是要严格意义上证明什么，而是要打开一个思考领域。人类的行为不是一门纯粹的科学，却是一门艺术。进行这样的探索，会引导人们进一步理解人类的行为。

二、分析价格空间的基本构思

如图3-4所示，笔者将初始波概念与黄金矩形概念结合起来，假定初始波幅是黄金矩形的最小一个边，并假定初始波幅是未来价格基本成长波幅的0.236倍，由此，我们就可以应用黄金螺旋概念预测未来价格波动空间。我们假定最小的黄金矩形的长度为0.236，将该螺旋转换到价格的二维空间，依据黄金螺旋规律，将0.236作为斐波那契数列的起始值，则可得出初始波价格生长黄金数列0.236、0.382、0.5、0.618、0.809、1、1.236、1.382、1.618、2.618、4.236、6.853等。去掉数列中不符合斐波那契数列的各项。

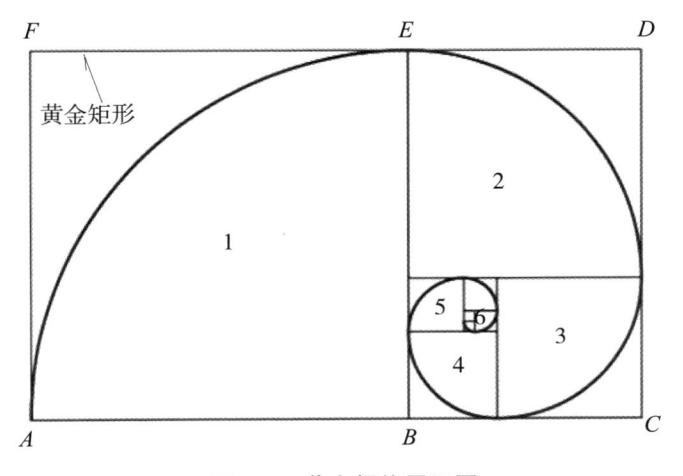

图3-4　黄金螺旋展开图

应用斐波那契比率分析价格的上涨和下跌空间结构，并让其成为图表分析的组成部分，关键的比例是0.618。假定初始值为0.236元，最高值为1元，那么，我们可以预期价格突破0.618之后，将会回头确认0.618位置，0.618是价格上涨行情中遇到的第一个主要阻力位，若价格回头确认失败，价格会回落到0.618以下区域，回调至0.236～0.382元区域，交易者可将0.236元和0.382元作为关键性的回落点。然而，若价格成功突破0.618位置，就会到达1.000和1.618位置。而0.618或1.618就是我们预测的第1波和第3波上涨的幅度。

关于这一应用理论在笔者的另一本图书《WZ定量化结构交易法》中有详细论述，这一应用理论称为"初始波理论"，可以说是继承并发展了江恩空间分析理论。"初始波理论"主要包含三个内容。

第一，将价格空间结构定量化成三个区域：混沌区域、成长区域、目标区域。注意：区域的划分是通过模型计算定量划分的，价格只有突破并站稳混沌区上轨，才能进入快速拉升阶段。定量化区域概念解决了投资者一卖就涨的困惑。

第二，给出了目标区域的计算公式：$H = r + a \times 1.618^n$，1浪、3浪、5浪及调整浪C浪的目标区域都可以用数学公式计算出。

第三，给出了三种定量化交易模型，定义了中枢区域，混沌区域1、2、3类买卖点，止损的概念。使交易走向定量化、模型化。

三、应用实例

实例1　闻泰科技

假设初始波高点为u，起始点为r，则初始波幅$a = u - r$。

价格目标计算公式：$H^n = r + (u - r) \div 0.236 \times 1.618^n$（$n = 1$、2、3、4、5……）

闻泰科技以2006年5月低点0.96元为起始点，第一波上涨高点为6.80元。

$n=0$时，$H=0.96+(6.80-0.96)\div 0.236\times 1.6180=25.71$元。

$n=1$时，$H=0.96+(6.80-0.96)\div 0.236\times 1.618^1=41.01$元。

$n=2$时，$H=0.96+(6.80-0.96)\div 0.236\times 1.618^2=65.76$元。

$n=3$时，$H=0.96+(6.80-0.96)\div 0.236\times 1.618^3=105.80$元。

$n=4$时，$H=0.96+(6.80-0.96)\div 0.236\times 1.618^4=170.64$元。

如图3-5所示，闻泰科技价格空间结构就是依据上面的计算结果绘制的。

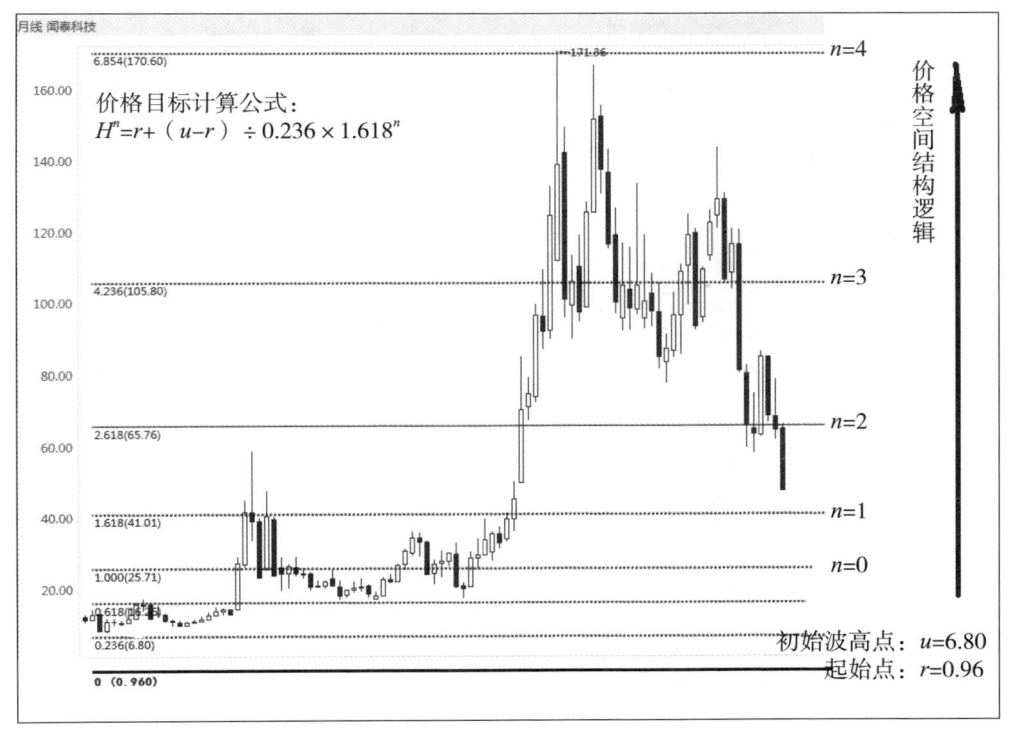

图3-5　闻泰科技月K线图

未来价格空间结构是指一个新生的上涨或下跌趋势中，价格上涨或下跌的生长逻辑。初始波幅a作为分析研究价格未来生长空间结构的基本单位，在未来空间结构分析上有着重要的意义。重要的初始黄金位是由初始波幅a计算出来的。

实例2　安集科技

安集科技在2019年12月4日调整到最低点73.44元，第一波反弹高点为145.72元，这两个数据是画空间结构图的基础数据。在软件中打开画图工具，选择其中的黄金分割，将黄金分割的起点对准上升趋势起点73.44元，然后向上拖拉，将黄金分割0.236线对准第一波高点145.72元，松开鼠标即完成画线，校正后如图3-6所示。

图3-6　安集科技日K线图

实例3　腾达建设

腾达建设在2018年10月19日创出上市后调整最低点1.90元，第一波反弹高点为2.62元，这两个数据是画空间结构图的基础数据。在软件中打开画图工具，选择其中的黄金分割，将黄金分割的起点对准上升趋势起点1.90元，然后向上拖拉，将黄金分割0.236线对准第一波高点2.62元，松开鼠标即完成画线，校正后如图3-7所示。

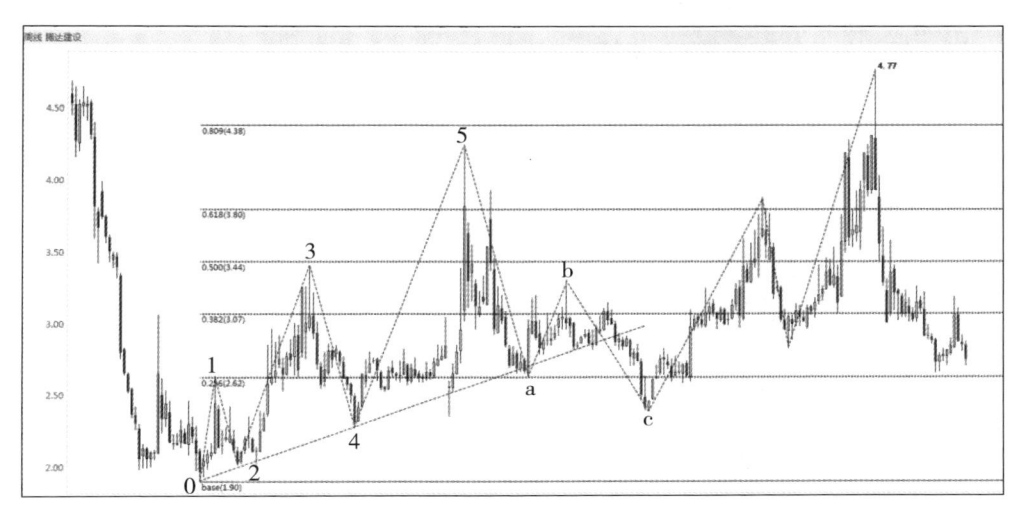

图3-7　腾达建设周K线图

从图3-7中可以看到，3浪高点正好是50%位置，5浪接近80%位置，5浪高点区域与理论目标区域61.8%~80%基本一致。

实例4　海尔智家

海尔智家在2020年3月23日13.43为起点的周线级别上涨行情中，价格突破61.8%混沌区域上轨后回探，在二次向上突破混沌区域后，形成3类买点，走出主升浪3浪和5浪，上涨目标同样是161.8%、261.8%和423.6%初始黄金位，如图3-8所示。

价格有效突破混沌区域61.8%上轨，形成混沌区域第三类买点，是寻找介入3浪的最佳时刻。这条规律在价格运行中很普遍，80%以上的股票都符合这个特性。

股票价格运行中，2浪整理时间不好确定，可以确定的是2浪横盘振荡区间就是初始波混沌区域。1浪的初始目标基本上是混沌区域61.8%上轨，3浪的目标是初始波161.8%位置，上下误差不会大于10%。大市比较弱就低一点，大市强就高一点。

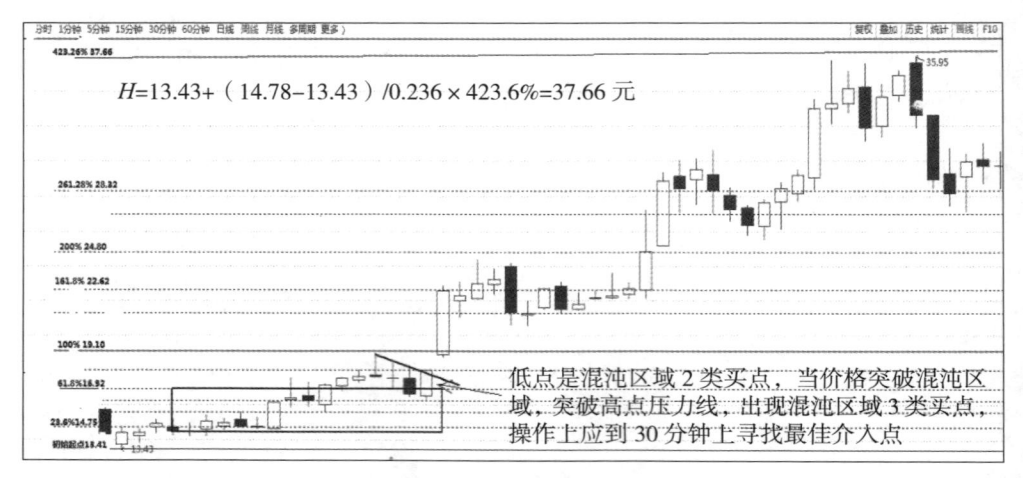

$H=13.43+（14.78-13.43）/0.236×423.6\%=37.66$ 元

图3-8　海尔智家周K线图

第三节　江恩"轮中之轮"分析方法

一、"轮中之轮"的绘制

如图3-9所示，将圆进行24等分，以0为起点，逆时针旋转，每15度增加一个单位，经过24个单位完成第1层循环，以此类推。经过48个单位完成第2层循环……最后经过360个单位完成第15层循环，即一个大循环，形成江恩"轮中之轮"。

将圆360度分成24等分，15度为1等分（1个月）。也就是说，1个月为一个单位，经过24个单位，也就是24个月的运行，完成第1层循环。最后经过360个月的运行，完成第15层大循环——30年大循环。

图3-9 江恩"轮中之轮"

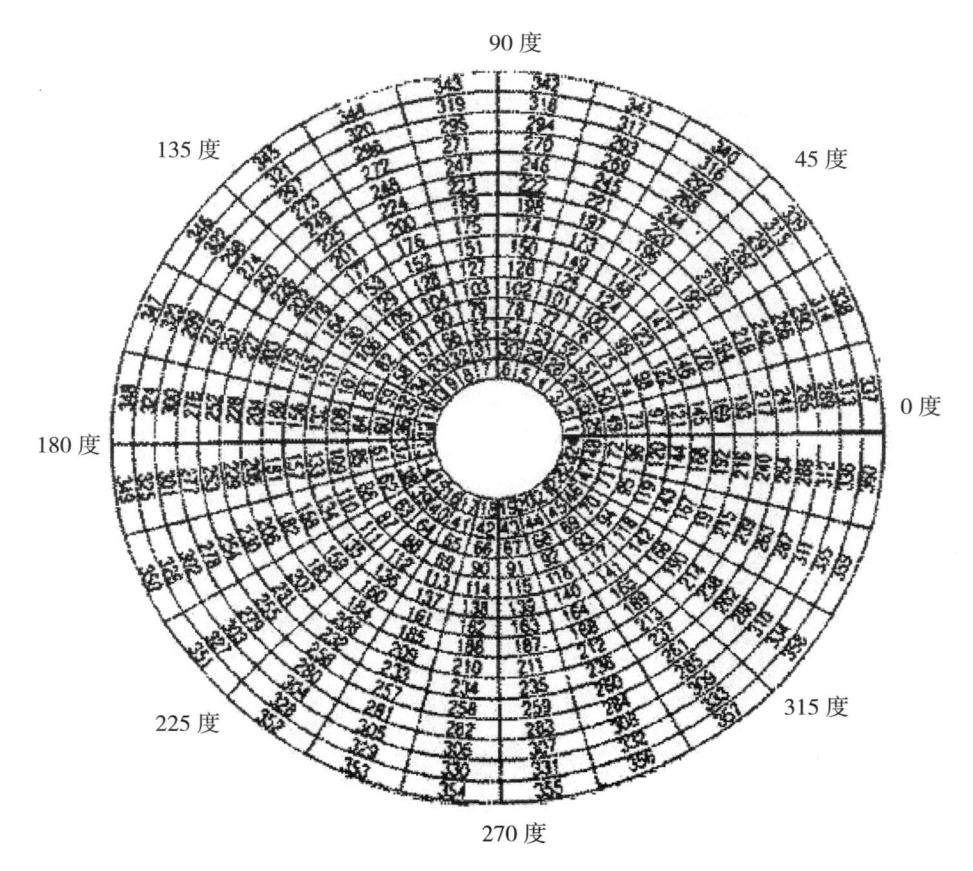

这里用交易日计量时间，首先计算出12个月（1年）有243个交易日，30年循环中第1层小循环为24个月，共有486个交易日，分成24等分，其中每1等分为486÷24=20.25个交易日，大约为4周。这里选取周K线为制作单位，也就是用4根周K线表示20.25个交易日。将江恩"轮中之轮"概念移植到上证指数30年周K线图上进行分析。上证指数以逆时针的螺旋形式增长，运行24×4周，完成第1层循环。当螺旋形运行完第15层循环，就构成一个30年的大循环。

上面已经计算出江恩"轮中之轮"运行15度的时间约为4周。采用周K线画出时间之窗，首先找到一个有意义的起始点，这里选择上证指数原始起点。接下来就可以点击周期线，用画笔点击起始点，然后将画笔向后拖到第4根周K线，点击鼠标结束画线，如图3-10所示。

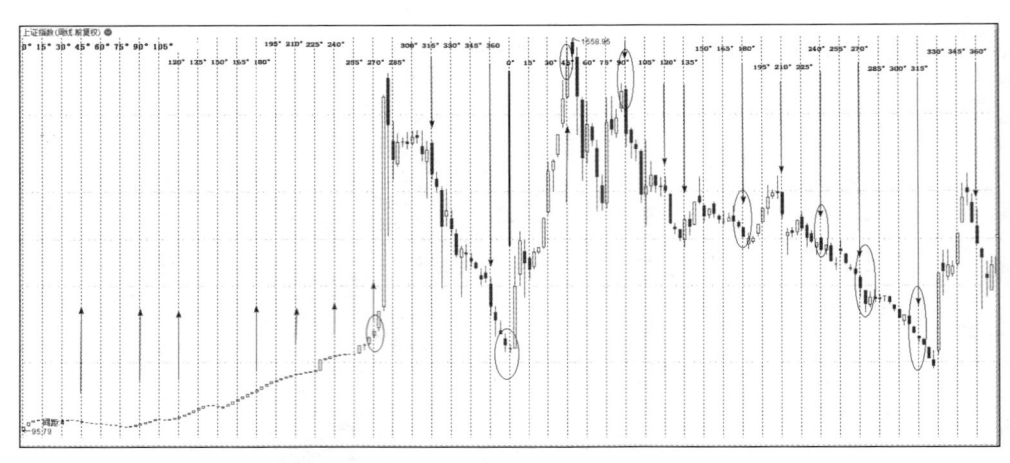

图3-10　上证指数"轮中之轮"30年时间之窗

江恩认为圆、三角形及四方形是一切市场周期的基础。应用"轮中之轮"分析时间之窗，最重要的转折点位是三角形、四方形的顶点，所在位置依次是：0度、45度、90度、120度、135度、180度、225度、240度、270度、315度和360度。由图中不难看出，上证指数在这些关键位置上都出现了比较大的或重大的转折。尤其是0度、90度、180度、360度。由于周期过长，图中内容较多，读者如果看不清，可以据上述数据自己在周K线图上画一下，仔细对比观察，感受会更深一些。

二、应用实例

实例1　通威股份30年循环

通威股份自2018年10月19日创出低点3.16元后展开一波上涨行情。这里采用30年循环，价格运行15度的时间约为4周，在周K线上画出时间之窗：以10月19日低点3.16元为起始点，点击周期线；点击起始点，然后将画笔向后拖到第4×3根周K线处，点击鼠标结束画线，如图3-11所示。

从图3-11中可以清晰地看到，1、2、3、4、5、6、7、8、9、10、11、12都是重要的变盘点和转折点。在交易中，用长线循环周期分析后要注意观察，价格运行到某个时间窗口时是否与小周期时间之窗、价格形态以及空间结构发生共振。如第2轮循环的180度位置，也就是价格出现调整后的反弹高点2处（见图3-12），就要去小周期观察和分析卖出机会，也就是说，在120分钟K线上价格跌破1点到2点的趋势线时卖出。

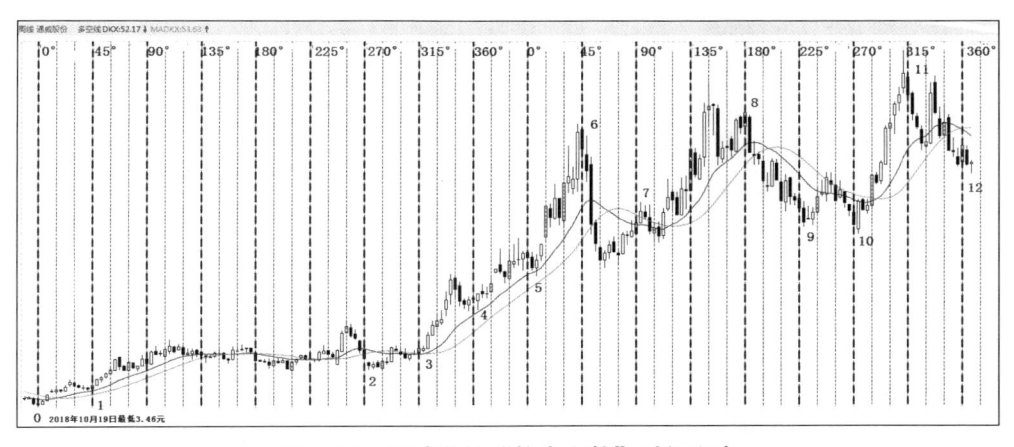

图3-11 通威股份"轮中之轮"时间之窗

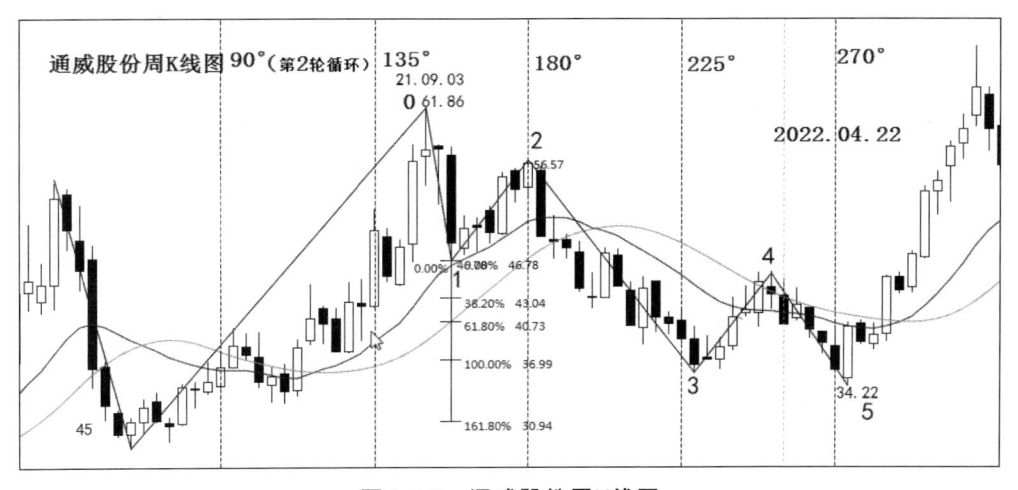

图3-12 通威股份周K线图

实例2　通威股份120分钟循环周期单位分析

如图3-13所示，画出通威股份120分钟循环周期线，20根120分钟K线运行角度为15度，也是江恩八分法的最小单位。用等比例周期线，将画笔放在起点上，向后拉到20根K线处，即完成画线。

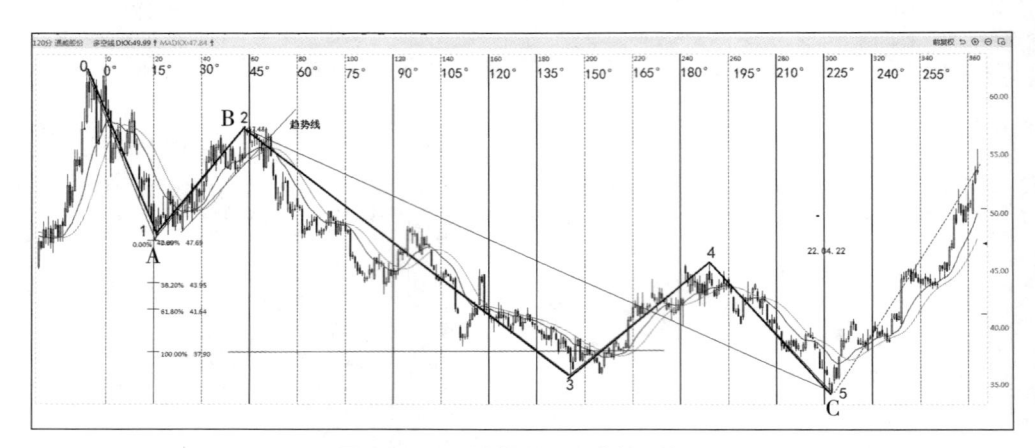

图3-13　通威股份120分钟K线图

价格跌破120分钟趋势线时卖出（图3-13中2浪反弹）。仔细看一下，图3-12中180度时间之窗与图3-13中45度时间之窗是在同一个交易日，大小级别时间之窗发生共振，市场引发大级别调整。

下面再从价格和形态上分析一下通威股份的走势。通威股份的这波调整是从2021年9月3日最高点62.77元开始的，第1波调整低点1是47.69元，之后反弹高点2是57.48元，反弹幅度为9.79元。应用波浪尺计算一下，调整100%位置是47.69-9.79=37.90元，实际中调整到低点3时是35.52元。在图3-13中，120分钟江恩重要时间窗口45度、90度、135度、180度、225度上，价格都发生了转折，尤其是225度时间窗口，同样与图3-12中270度时间窗口发生共振，引发价格反转。事实上，最低点（5点）34.24元是C浪调整的138.2%位置，47.69-9.79×138.2%=34.17元。也就是说，周K线时间之窗270度、120分钟时间之窗225度与C浪调整的138.2%位置三者发生共振，从而引起大级别反转。如果再细分一下，短线可在24小时循环周期用同样的方法寻找更细微的交易机会。

应用"轮中之轮"时间之窗，最重要的转折点位是三角形、四方形的顶点，所在位置依次是0度、45度、90度、120度、135度、180度、225度、240度、270度、315度和360度。通过前面几个例子不难看出，江恩"轮中之轮"时间之窗是相当准确的，尤其是大小周期共振点结合使用。

江恩分析体系从时间与价格两个方向分析，分析的重点在于寻找价格的平衡点，也就是江恩说的"时间=价格，价格=时间"的共振思想。学习江恩理论的重点是动手画图分析，仔细对比观察，研究大周期与小周期、时间与价格之间的关系。只有通过自身动手实践，才能加深对江恩理论和方法的理解。

第四节　多空分界法的理论基础

一、时间=价格，价格=时间

江恩在表述时间与价格的关系时指出："价格=时间，时间=价格"，时间与价格是可以相互转换的统一思想体系。同时，江恩还论述价格趋势是否得到支持要借助成交量分析，没有成交量的支持，就是一个不稳定的结构。也就是说，时间、价格、成交量是一个统一的体系，成交量与价格走势分析是不可分割的，成交量是价格的载体，脱离了成交量的价格走势是没有意义的。

"时间=价格，价格=时间"的更深层意义是共振关系，这一点是最重要的。在江恩的分析中，时间、价格、成交量的关系都要发生共振，才会形成有价值、有意义的分析判断结论，预测才相对准确。共振对市场结构产生作用。学习江恩理论，大多数人只注重江恩的一些方法，只停留在单一层面关系上，浮于表面，为学方法而学习是不可能达到理想效果的。

江恩理论认为，整体市场的波动率和个股内在周期性波动的共振关系，主要来自市场时间与价位的倍数关系。当市场的内在波动频率与外来市场推动力量的频率产生倍数关系时，市场便会出现共振，共振产生的合力效果是巨大的。市场主力资金会在关键支撑与压力区域诱发这种共振，带领市场突破关键阻力位或支撑位。指数或价格一旦突破关键位置，形成上升或向下趋势，指数或价格就将进入快速上涨或下跌趋势，这就是共振作用在股市中的反映。

自然界中共振现象很多，最典型的如钱塘江大潮，每年农历八月十八日太阳、月亮和地球几乎处于同一直线上，对地球的引力最大，从而引发钱塘江大潮。事实上，季节上的变化也是影响人们操作情绪和行为的重要因素。江恩的八分法、三分法与中国农历二十四节气相对应就说明了这一点。

前面讲了，股票价格走势是一种大众行为，属于自然客观现象。影响股价的内在因素包含企业估值、大众情绪、主力筹码、主力策略；外在因素包含趋势、时空、形态、成交量。内因是本质，外因是表象。价格运动之所以错综复杂，就是因为影响价格变动的因素太多，单独一两个因素对价格的影响可能会产生一波小级别变化。如果趋势、时空、形态、成交量和市场情绪都在某一区域发出买入或卖出信号，就会产生多因素共振，市场就会发生转势。

共振是使股价产生大幅波动的重要因素，江恩特别强调自然的力量。江恩主要是从短期频率、中期频率和长期频率及其倍数的关系上，去分析、考虑市场的共振区域。江恩认为市场的外来因素是从大自然循环及地球季节变化时间循环而来的。共振是一种合力，是发生在同一时间多种力量向同一方向推动的力量。投资者一旦找到这个点,将能够获得巨大利润并回避巨大风险。

共振关系是价格在时间、空间比例上存在的一种"美感",一种"韵律"。若想把握金融市场中的这种"美感"和"韵律",就必须掌握它们之间的节律。这同人们把握艺术、音乐、建筑等的美感是一样的。你不能用一个数学模型去丈量音乐的美感,只有当你学会了声乐,懂了音乐才能欣赏音乐的美感与韵律。自然界能创造出自然之美及和谐,也能创造资本市场之美及和谐。隐藏在它们背后的都是同样的法则,是一种普遍联系、相互作用、协同的法则,江恩把它称为市场的波动法则。

1. 时间与时间共振

当时间周期中的长周期、中周期、短周期交汇到同一个时间点且方向相同时,将产生向上或向下的时间共振点。

2. 长期、短期成本共振——筹码密集区域

当价格进入一个长期、中期、短期成本中枢,长短周期投资者在同一时间点、同一方向的买入或卖出操作,将产生向上或向下的长期成本与短期成本共振点。

3. 价格与价格共振点

在上升趋势中,当长期均线、中期均线、短期均线交汇到同一价位点,且均拐头向上呈现多头排列,将产生一个向上的共振价位点。在下跌趋势中也一样。

4. 时间与价格共振

如图3-14所示,隆基绿能月K线图中,当时间运动到某一个重要的时间窗口,恰好价格也运动到江恩八分法或三分法重要位置时,时间与价格将产生共振。隆基绿能第1个时间与价格共振点，出现在价格向上突破1/8位置与135度循环周期线相交处；第2个时间与价格共振点，出现在价格向下突破1/8位置与180度循环周期线相交处；第3个时间与价格共振点，出现在价格

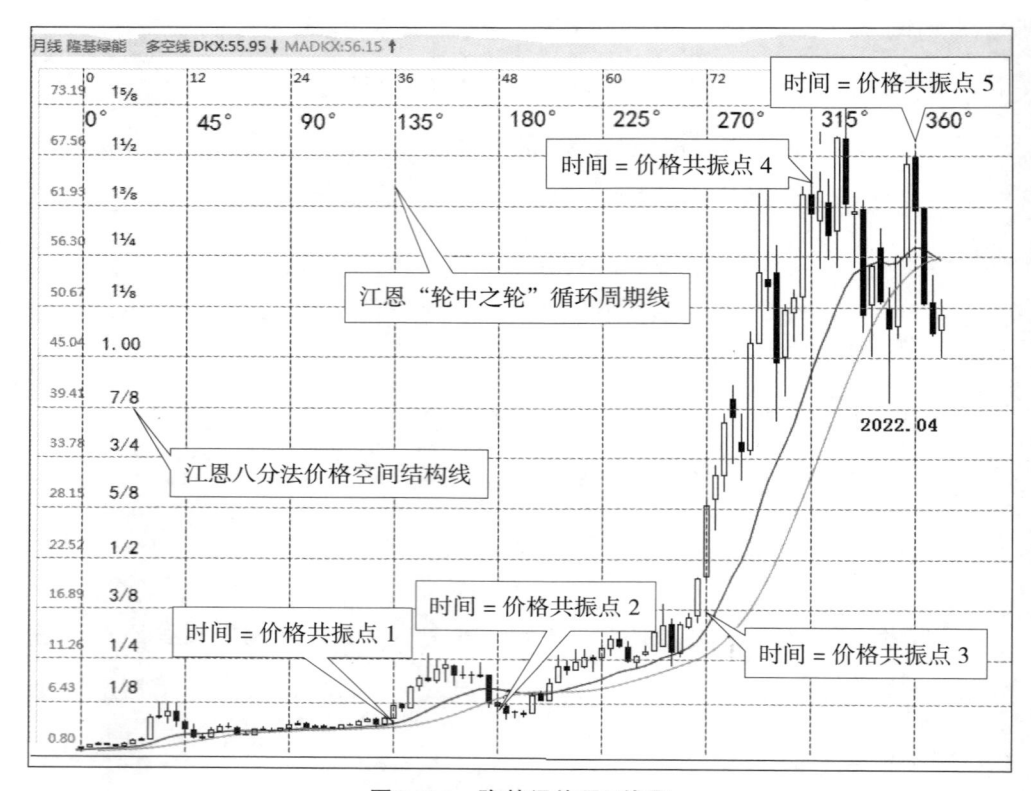

图3-14　隆基绿能月K线图

向上突破3/8位置与270度循环周期线相交处；第4个时间与价格共振点，出现在价格向上突破1⅜位置与315度循环周期线共振；第5个时间与价格共振点，出现在价格向下突破1½位置与360度循环周期线共振。

在实际交易中，当价格邻近重要的时间、空间位置时，大家必须在日线和30分钟级别下观察成交量及价格趋势的协调关系，以寻找最佳的买入或卖出时机。

5. 均线系统与指标系统发生共振

当K线系统、均线系统、成交量、KDJ指标、MACD指标、布林线指标等多种技术指标均发出买入或卖出信号时，将产生技术分析指标的共振点。

二、道氏理论

在技术分析中，分析时间、价格、成交量的目的是判断趋势是否延续或反转。也就是说，趋势是首要问题。

1. 道氏理论对多头市场的描述

多头市场由一系列不断上升的高点与不断上升的低点组成，价格调整只要不跌破前低，就不能轻易判断上升趋势结束。

2. 道氏理论对空头市场的描述

空头市场是由一系列不断下降的高点和不断下降的低点组成。反弹只要不突破前高点，就不能判断下降趋势结束。

3. 上升趋势线与下降趋势线

（1）上升趋势线：将一系列不断抬高的低点连接起来而形成，价格调整破前低，跌破趋势线，上升趋势被破坏，上升趋势结束。

（2）下降趋势线：将不断下降的高点连接起来而形成，价格向上突破前高点，突破下降趋势线，下降趋势被破坏，下降趋势结束。

道氏理论对趋势的描述非常简单，只要仔细琢磨两遍，都可以大致理解。道氏理论是技术分析、判断趋势的基础，是必须掌握和理解的，无论你是日内盯盘做T+0交易，还是盘后分析，时时刻刻都用得上。趋势线是道氏理论在实际中的典型应用，看似简单，却是跟踪、判断趋势最好的工具。

第五节　多空分界法

多空分界法的理论基础：①道氏理论对趋势判断的描述；②江恩名言——价格=时间，时间=价格，价格与时间相互转换。

一、趋势反转的条件

（1）时间是反转的临界条件。计算某一段上升或下跌行情中所有的反作用浪的调整时间，当反作用浪调整时间大于前边最大反作用浪调整时间的1.236倍时，可以判断主趋势面临反转。

（2）空间是反转的必要条件。计算某一段上升或下跌行情中所有反作用浪的幅度，当反作用浪的幅度大于前边最大反作用浪的幅度时，可以判断主趋势已经发生反转，应在反弹或回调中逢高卖出或择机买入。

满足时间和空间这两个条件，可以判断一波上升（下跌）趋势结束。这种监控股票趋势运动的方法称为多空分界法，也称为双突交易法。

如图3-15所示的上升趋势中，价格跌破多空线，跌破上升趋势线，反弹高点a_2是最佳卖点。如果此时没有卖出，价格跌破V浪起点，反弹高点b是最佳逃命点；在下跌趋势中，价格突破下跌趋势线，突破c_4，形成双突，可以初步判断这波反弹行情为反转趋势中的1浪，正常情况下，2浪回调1浪反弹幅度的61.8%~80%是最佳的介入时机。同时也要注意，回调幅度过大，跌破1浪起点，那么之前判断的反转浪就不存在了，所以，止损点应设在1浪起点c_5。

趋势线

多空分界线

跌破趋势线，跌破多空分界线，a_2 是最佳卖点，跌破 v 浪起点，b 是最后逃命点

价格突破下跌趋势线，突破 c_4，2 浪回调 61.8%～80% 是最佳的买入区间，止损点为 c_5

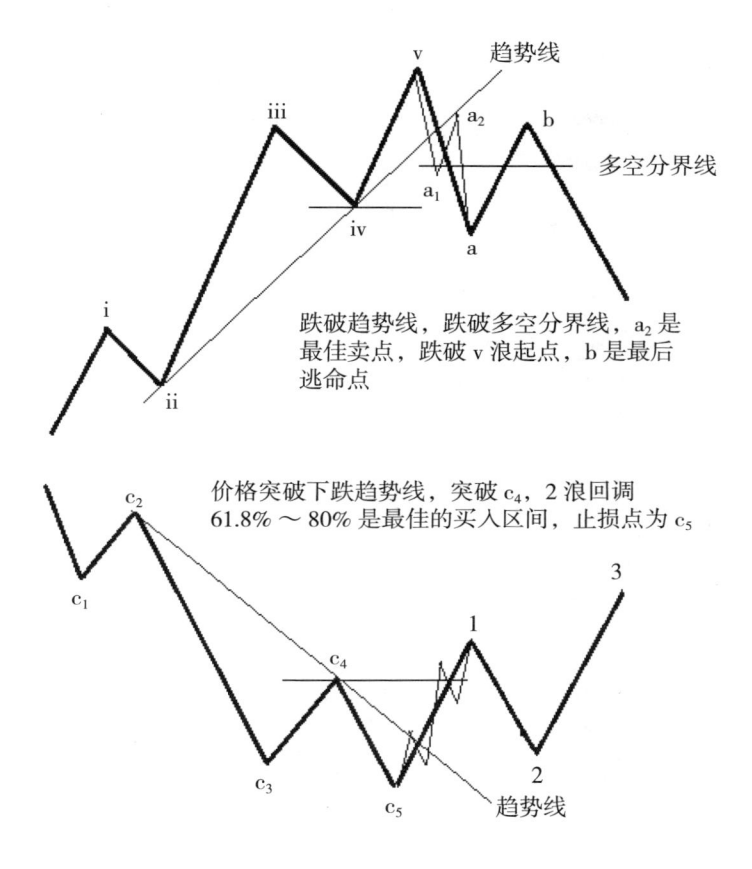

趋势线

图3-15　多空分界法

双突交易法是技术分析中判断趋势反转的依据，非常重要，切记！这是道氏理论与江恩法则的综合运用，是跟踪判断趋势终结、判断进场与出局非常实用有效的买卖方法。

二、应用实例

实例1　隆基绿能

如图3-16所示，隆基绿能在2022年6月28日拉出放量大阳线，之后开始振荡。2022年7月是隆基绿能月K线360度循环周期位置（见图3-14），面

对大级别的重要时间窗口，必须认真对待。

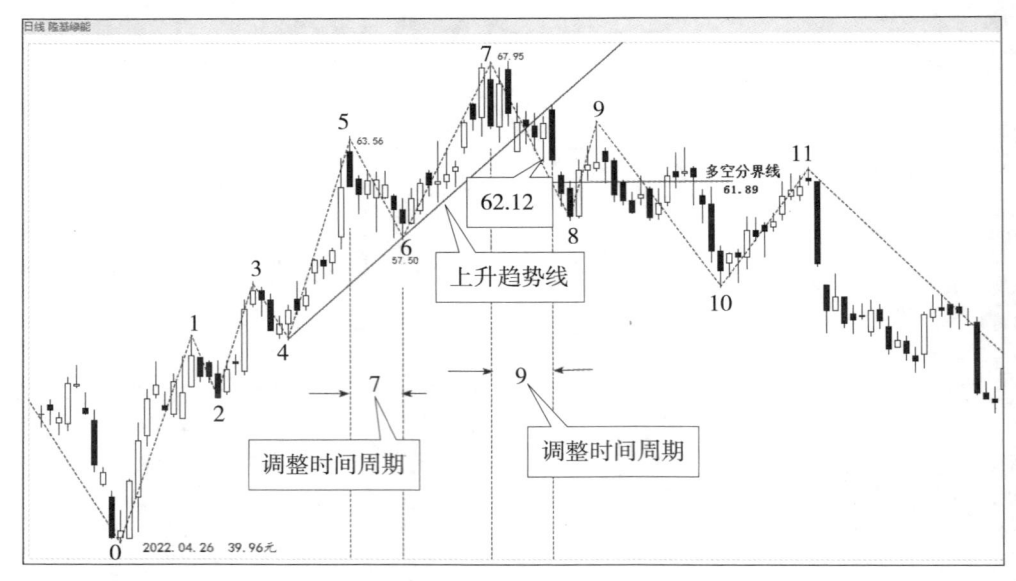

图3-16　隆基绿能日K线图

在0到7这波行情中，共有3波调整，最大的一波调整是56段，调整时间为7个交易日，调整幅度为6.06元。当价格跌破4点与6点连线形成的上升趋势线时，此时计算一下，无论是时间还是下跌空间都小于56段的调整时间和空间。当跌破趋势线后的几个交易日，反弹依然没有突破趋势线压力时，时间反转的临界条件就出现了。当78段的调整幅度已大于56段的调整幅度时，也就是说，价格跌破多空分界线，空间反转的必要条件也已具备，接下来89段的反弹就是最好的卖出机会。

实例2　航天彩虹

价格进入快速拉升阶段，回调幅度非常小甚至有时在日线上都看不出低点，更不用说数浪。在这种情况下，就要到小级别上去观察。笔者习惯在60分钟级别观察，另外就是应用初始波理论计算出价格空间结构。当价格到达初始波某一个理论目标价位，跌破60分钟级别上升趋势线时，表明趋势发生变化。此时如出现"双突"卖出信号，则是价格与趋势在这个目标位发生共振，应及时出局。

下面以航天彩虹五浪中的iii浪内部子浪走势讲解一下。

图3-17所示为航天彩虹60分钟K线图。初始波100%理论目标位是37.10元，实际五浪中的iii浪高点为38.72元。之后第一个交易日振荡一天，第二个交易日放量下跌，在最低点跌停，收盘跌幅为9.41%。第三个交易日价格跌破③浪高点，跌破由②浪和④浪最低点连接形成的上升趋势线，跌破多空分界线发出"双突"卖出信号，回头确认产生的a_2浪就是最佳的出局机会。

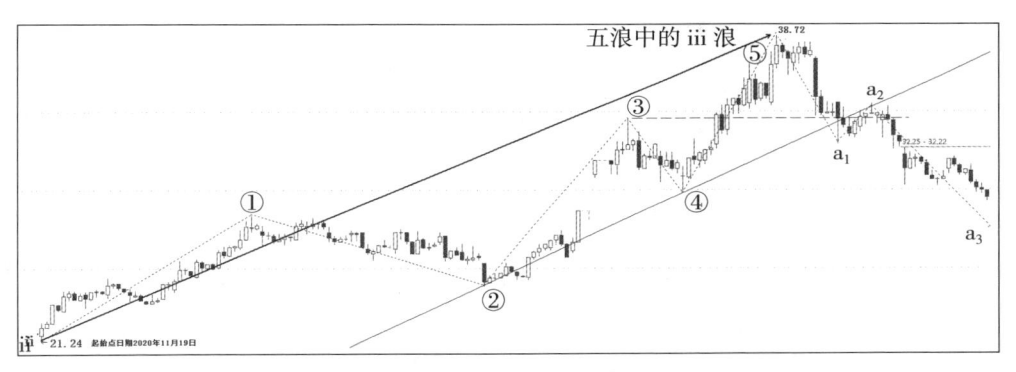

图3-17　航天彩虹60分钟K线图

价格到达38.72元后，从空间上讲到达了初始波100%理论目标位，形态上五浪中的iii浪内部子浪完成了五波上涨结构，空间与形态在一个狭窄的区域内形成共振，从而引发2021年1月8日放量大跌，跌破iii浪上升趋势线。至此，趋势、空间及形态三者在一个狭窄的区域内形成共振，将引发更大级别的调整。

实例3　中国软件

如图3-18所示，中国软件自2021年6月11日高点52.62元展开C浪调整，高点2、4、6点与低点1、3、5、7点都在逐渐降低。应用反弹浪12段反弹幅度分析计算一下C浪的调整幅度，12段反弹幅度为7.17元，C浪向下调整100%的空间位置是41.64-7.17=34.47元；161.8%空间位置是41.64-7.17×1.618=30.04元；261.8%空间位置是41.64-7.17×2.618=22.86元。

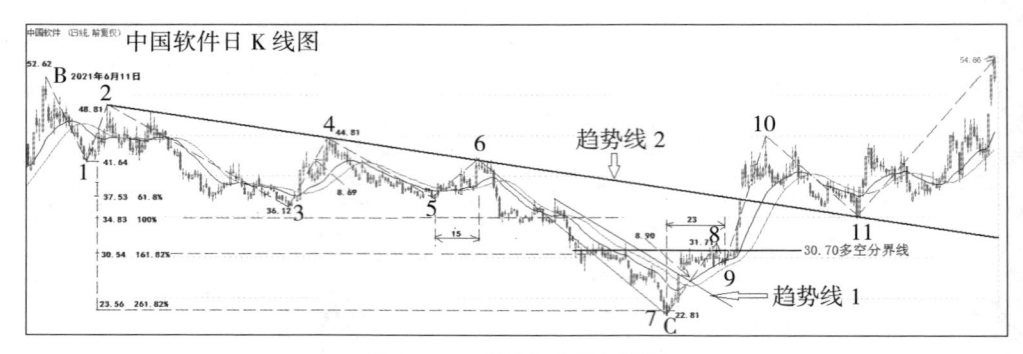

图3-18　中国软件日K线图

当价格创出22.81元低点后，出现一波凌厉的反弹走势，价格突破了C浪最后一波下降趋势线1。从图3-18中可以看出，在C浪的下跌过程中，最大的反弹浪是34段，反弹幅度是8.69元。最大的反弹时间是56段，时间是15个交易日。78段这波反弹幅度为8.90元，时间为18个交易日。从计算分析结果上看，78段这波反弹幅度与反弹时间都已大于前面下跌趋势中最大的反弹幅度与时间，多空反转趋势成立。

另一方面，从调整空间上看，C浪实际调整低点22.81元与理论计算C浪实际调整261.8%位置22.86元，仅相差0.05元；从C浪的调整结构上看，B1、12、23段组成了a浪；34段为b浪；45、56、67段组成了c浪，abc三波调整结构完美。若是在30分钟图上，67段的内部子浪也是一个完美的五波调整结构。左侧价格调整空间与调整结构都在22.81元达到平衡，产生共振，引发一波凌厉的反弹走势。右侧价格反弹形成"双突"，且之后价格小幅横盘调整，看多意愿浓厚。

从左右两侧综合判断，价格已经进入反转，回调低点就是最佳的买入时机。尤其是当价格突破下降趋势线2时，之后的回调确认点11更是最好的加仓点。

第六节　时间、空间与成交量共振

江恩称一年循环周期为季节性周期，代表价格的中期走势，是江恩时间周期中非常重要的一个。现在就应用江恩圆形的360度分析架构和江恩的八分法，在电脑K线图上分析一下上证指数走势。

将江恩"轮中之轮"一年循环周期分析应用在电脑K线图上，分析价格的时间与空间共振点是技术分析的核心思想。江恩循环周期理论以一个圆形的360度作为分析架构，首先选择交易日作为计量时间单位，计算出一年有243个交易日，按小时计算交易时间共有972个小时，并推算出360度循环周期中，每一度的时间是972÷360=2.7小时，也就是162分钟/度。如果按江恩的"轮中之轮"理论，以逆时针的螺旋形式增长，运行24个阶段为一个循环周期，当螺旋共运行15个循环时，就构成360度一个大的循环。换句话说，就是将圆分成24等分，1等分为15度就是一个时间之窗。

设置K线为162分钟1根，然后找到一个有意义的起始点，接下来点击周期线，用画笔点击起始点，然后将画笔向后拖到第15根K线，点击鼠标结束画线，如图3-19所示。

时间、空间循环周期的9个位置是重要的支撑与压力位，数字代表的圆周角度位置，也是支撑与压力位置。江恩最小循环周期为1天（地球自转一周是360度），循环周期单位为4分钟（1度）。江恩认为4分钟是市场不断重复和最活跃的频率，从这个最小频率简化成另一个24小时循环周期。江恩还

图3-19 上证指数（年循环周期）时间与空间八分法

非常重视30年循环周期，循环周期单位为1个月。对照图3-19可以发现，其中重要的45度、90度、120度、135度都是上证指数自2022年7月5日调整以来重要的时间节点。

上面已经完成了上证指数一年时间周期循环分析，现在应用同样的方法分析一下上证指数的指数空间调整压力支撑位，向下调整结构的制作方法与原理是一样的。2022年7月5日自高点3424.84点开始向下调整，第一波调整低点为3332.31点，调整幅度为92.53点。3332.31点是指数调整后的第一个转折点，也是江恩讲的"时间=价格"平衡点。按照江恩八分法，将第一波调整幅度视为1/8位置。由此可以计算出八分法中的其他位置。

1/8位置=3332.31点。

2/8位置=3424.84−92.53×2=3239.78点。

3/8位置=3424.84−92.53×3=3147.25点。

4/8位置=3424.84−92.53×4=3054.72点。

5/8位置=3424.84−92.53×5=2962.19点

2/3位置=3424.84−92.53×8÷3×2=2931.35点（三分法）。

如图3−19所示，A浪在空间3/8线附近得到支撑，并与时间45度线发生共振，在成交量的配合下，三者在一个狭小区域内达到平衡（时间=价格），从而引发B浪反弹。反弹至空间2/8线受阻发生振荡，缩量小幅调整后跳空高开，突破空间2/8线阻力。价格到达时间60度线后，再次出现平衡，经过一段时间小幅振荡，在时间75度线附近向下突破，形成C浪调整。

空间4/8线是江恩最重要的支撑与压力位置，上证指数C浪调整至空间4/8线后，受到支撑向上反弹，当下需要观察两个方面：①向上反弹的力度；②是否有成交量配合。不难看出，无论是力度还是量能都很弱。经过一周左右的厮杀，周四尾盘上证指数跌破1/2线的支撑，选择继续向下寻求支撑。

空间5/8线与三分法的2/3线位置相差不多，2/3是三角形顶点位置，是江恩理论中最重要的支撑与压力位置。在实际走势中，上证指数最低2934.09点与三分法中的2/3线位置2931.35点相差无几。5/8线、2/3线与重要的135度时间线发生共振。再观察成交量，也与上证指数呈现同步上涨态势。时间、空间、成交量三者在这个狭小的重要区域内产生一次和谐共振，上证指数发生反转的概率相当大。

江恩分析法主要是以圆循环概念为分析框架，以八分法、三分法为分析基础的一种分析方法。在应用上，江恩强调的是"时间=价格，价格=时间，时间与价格相互转换"，强调的是时间与价格在某一区域产生和谐共振。

江恩将圆、四方形和三角形作为分析工具，运用几何学、星象学、天文学中的自然运行法则及衍生、演绎规律分析金融价格走势。学习江恩分析方法，必须搞清楚江恩分析方法的逻辑关系，那样就会变得相当简单。事实也是如此，面对投资市场的复杂性，如果没有一个简单、高效的分析方法，是很难快速应对市场变化的。测市方法中的几何学、星象学、天文学都是常识，稍加学习都能理解。

江恩在介绍其市场分析理论时指出：圆形的360度与9个位的数字，是所有数学的根源。在一个圆里面，可以设置四方形和三角形，也可以设置四方形和圆，而在其外，一样可以设置四方形和圆，上述证明了市场运行的四个面向。

除此之外，江恩还特别指出：所有的市场顶部及底部都与市场其他的顶部及底部存在一个数学上的关系。市场上没有一个次要的顶部或底部，不能应用角度线及阻力位加以解释，分析者可留意市场在这些水平上的每日走势及成交量变化。也就是说，当价格运动到时间之窗或支撑位与压力位附近时，你不能想当然地认为一定会向上或向下变盘，不能想当然地认为支撑位与压力位必然发生作用。分析操作上，必须注意趋势与成交量的变化，趋势是最重要的，是首要问题。成交量是价格变化的本质，没有成交量的配合，价格上涨是不牢靠的。

江恩强调多因素一致性和谐共振。价格走势是趋势、时空和形态的共同运动轨迹，如果某一天你发现一只经过长期下跌的股票突然底部放量涨停，就要从三个方面对该股做画线分析：①画出下跌趋势线，将下跌趋势中反弹浪最明显的两个高点连成直线，则构成反压趋势线，注意，反压趋势线所接触的点越多越有效；②依据初始波理论画出下跌空间结构线（空间结构线是分析价格调整与上涨目标位的空间结构分析）；③应用波浪理论画出下跌趋势中的形态结构线。

趋势线、空间结构线和形态结构线，从三个不同角度得出各自的分析结论。如果三种分析结论能够在一个狭小的区域内达到一致性，则会产生共振。那么结合成交量有效放大，就可以判定价格趋势即将反转。至于是反弹还是反转，要应用多空分界法来具体判断。

第七节 时间、价格分析法在 K 线上的应用

本章前面的内容主要从江恩分析方法的底层逻辑进行详细解析，如江恩四方图、轮中之轮等分析法的绘制和应用原理。本节将详细介绍这些分析方法转换到K线图上的绘制方法和应用。本节也是江恩理论应用方法中非常重要的内容。

为了让读者能在K线上更好地应用江恩时间、价格分析法，本节将以更多实际案例来讲解。

一、时间之窗绘制要点

如图3-20所示，对于江恩"轮中之轮"时间之窗的应用，在不用理解推导过程的基础上，只要记住：①**短线时间之窗在15分钟K线上分析，步长等于12**；②**中线时间之窗在120分钟或日K线上分析，相对应的步长是60、30**；③**长线时间之窗在周K线上分析，步长等于23**。应用非常简单，在相对应的K线图上，用周期线和对应的步长就可画出时间之窗周期线。

具体画法是：①确定阶段性低点或高点作为画线的分析起点；②选用画图工具中的等比例周期线，将画笔放在分析起点上向右拖拉，拉到间距等于分析周期相对应的步长时，松手即完成时间之窗的绘制。分析周期与相对应的步长都是依据江恩"轮中之轮"的绘制原理推导出来的，投资者只要直接使用就可以。

```
价格
1.618
                江恩时间、价格分析法在 K 线图上的应用
        1. 价格坐标：0.236、0.382、0.618、1.000、1.618、2.618、4.236……
           步长为 0 到 0.236，即价格从最低点起，第一波的上涨幅度。
        2. 时间坐标：①短线时间之窗选用 15 分钟 K 线为循环周期单位，步长=12；②中
           线时间之窗选用 120 分钟 K 线为循环周期单位，步长=60；③长线时间之窗选
           用周 K 线为循环周期单位，步长=23。

1.000
        用法：
0.809   1. 价格坐标：①确定阶段性低点，由低点起第一波上涨高点为 0.236 位置；②应
           用 0.236 与第一波上涨幅度的比，计算出 0.382、0.618、1.000、1.618……斐波
0.618      那契数列各个位置的价格（江恩四方图轴线和对角线上的阻力位与支撑位）。
        2. 时间坐标：例如，短线时间之窗，在 15 分钟 K 线上，确定阶段性低点位置，
0.500      然后应用等比例周期线，以阶段性低点为起点向后拉到第 12 根，松手完成时
0.382      间之窗的绘制。
        3. 应用：例如，价格上升到 0.618 位置附近，恰好是时间之窗位置，价格出现振荡，
           当下就可以判断时间与价格产生共振，价格将开始调整，逢高卖出。

0.236
                            短线：15 分钟 K 线，步长=12
                            中线：120 分钟 K 线，步长=60
                            长线：周 K 线，步长=23
0                                                              时间
```

图3-20　江恩时间之窗绘制要点

二、价格坐标绘制要点

价格坐标有两种：①以江恩八分法、三分法为基础的等比例坐标；②以斐波那契数列0.236、0.382、0.618、1.000、1.618、2.618、4.236、6.854……为基础的自然级数坐标。

价格坐标的绘制与应用方法：①确定阶段性低点作为坐标的分析起点；②计算分析步长，也就是价格从分析起点开始上涨的第一波上涨幅度。

两种坐标重要的分析点位计算方法如下。

（1）计算分析步长：步长=第一波上涨高点价格−分析起点价格。

（2）计算重要的分析点位：①八分法等比例坐标，分析起点价格+步长×n，其中，n为自然数，$n=1$、2、3、4、5、6、7、8……（主要是画线工具里没有价格空间等比例周期线，所以只能一根一根地逐级向上画）；②自然级

数坐标，应用画线工具中的黄金比例，将画笔对准分析起点向上拉，将黄金比例中的23.6%线拉到第一波上涨高点位置，松手即完成自然级数坐标的制作。

三、应用实例

实例1　五粮液长线时间、价格分析

如图3-21所示，因周期太长，这里改用1根K线表示3周时间，正常周线步长为23，这里采用24，24=3×8，即步长=8。2008年11月7日五粮液完成月线级别的2浪调整，最低点-3.91元。2010年11月3日完成日线级别第一波上涨，最高点为26.08元。将等比例周期线放在起点上向右拖拉8根K线，完成时间之窗的绘制。价格坐标制作：计算价格步长=26.08-（-3.91）=29.99元，将画笔对准分析起点-3.91元，向上拖拉，将黄金比例中23.6%线拉到第一波上涨高点26.08元位置，松手即完成自然级数坐标的制作。

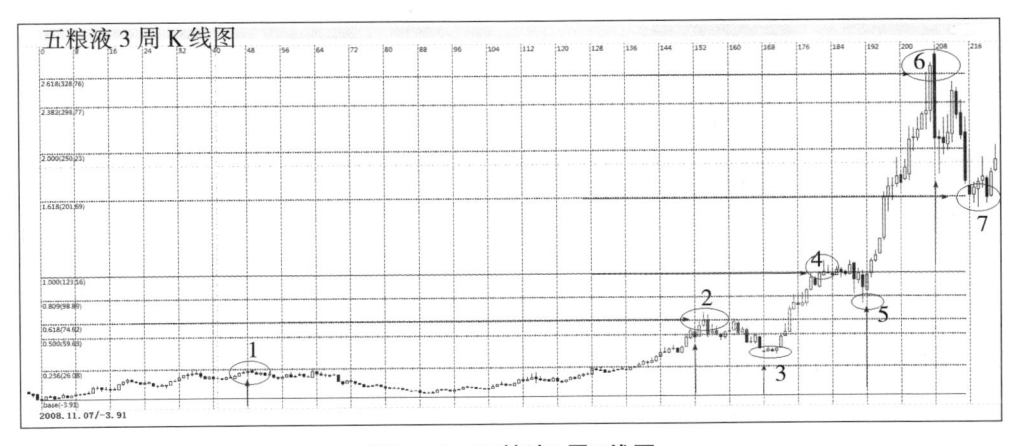

图3-21　五粮液3周K线图

有了时间坐标和价格坐标，分析就是一件非常简单的事了。依据初始波理论可知，61.8%是混沌区域上轨，是价格初步上涨的一个目标位。图3-21中2点区域从价格涨到61.8%混沌区域上轨开始出现振荡，结合周线级别时间之窗152和160，很容易在日线级别上找到2浪卖点。也就是说，61.8%目标

价位与时间之窗152和160在较小的价格区内发生共振，趋势发生转势，进入调整阶段。最高点的6点也是同样，时间之窗208与261.8%目标价位在6点处发生共振。

这个例子这里就不多分析了，读者可以用周线为时间之窗分析周期，步长=23周，自己在周K线上画一下，只看讲解是不行的，必须要亲自动手。在实际分析操作中，还必须结合趋势线和形态结构进行综合分析，这里为了保证图中内容清晰，没有画出趋势线。

实例2　五粮液中线时间、价格分析

如图3-22所示，2021年2月18日，五粮液完成月线级别三浪上涨，最高点351.59元，之后展开中线调整。这里将中线时间之窗120分钟、步长=60变更为240分钟（日线）、步长=30。应用等比例周期线画出时间之窗。

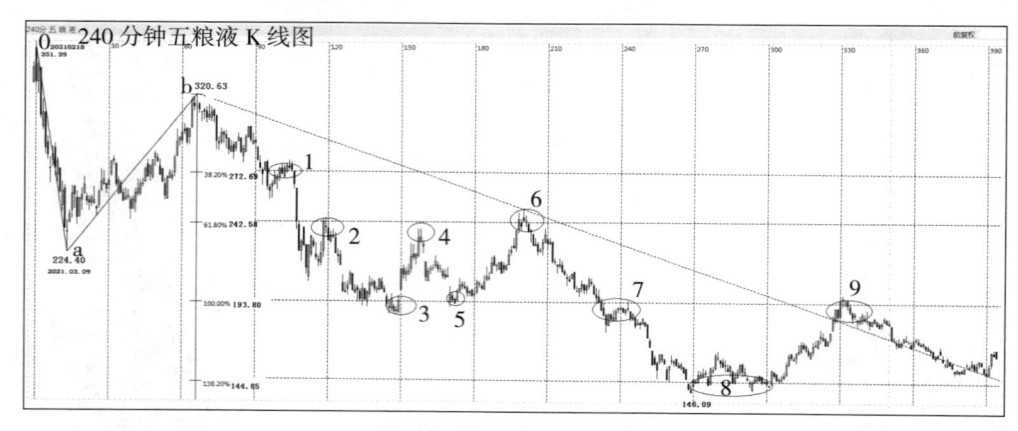

图3-22　五粮液日K线图

在分析调整目标上，可以应用波浪尺测量下跌空间结构。波浪尺一般软件中都有，具体画法为点击波浪尺，将画笔起点放在最高点0上，按住鼠标左键向下拉至a点，点击鼠标左键，再向上拉至b点，点击鼠标左键完成画线。

读者可以仔细对比一下图3-22中时间之窗与应用波浪尺画出的下跌空间

结构的关系。可以在120分钟K线上用步长60画一下时间之窗与波浪尺的下跌空间结构，查看更多细节。如果能将其与形态结构、趋势线相结合，分析效果将更加可靠。

实例3　五粮液短线时间、价格分析

2022年10月31日，五粮液完成c浪调整，创出132.33元低点后，向上突破下降趋势线，走出了一波反弹行情。短线15分钟K线上，第一波高点为136.40元，依此计算出价格步长=136.40-132.33=4.07元。应用江恩八分法等比例坐标，计算重要的分析点位：起点价格+步长×n，其中，n=1、2、3、4、5、6。画出6条等比例空间结构线，再画出步长=12的15分钟短线时间之窗，如图3-23所示。

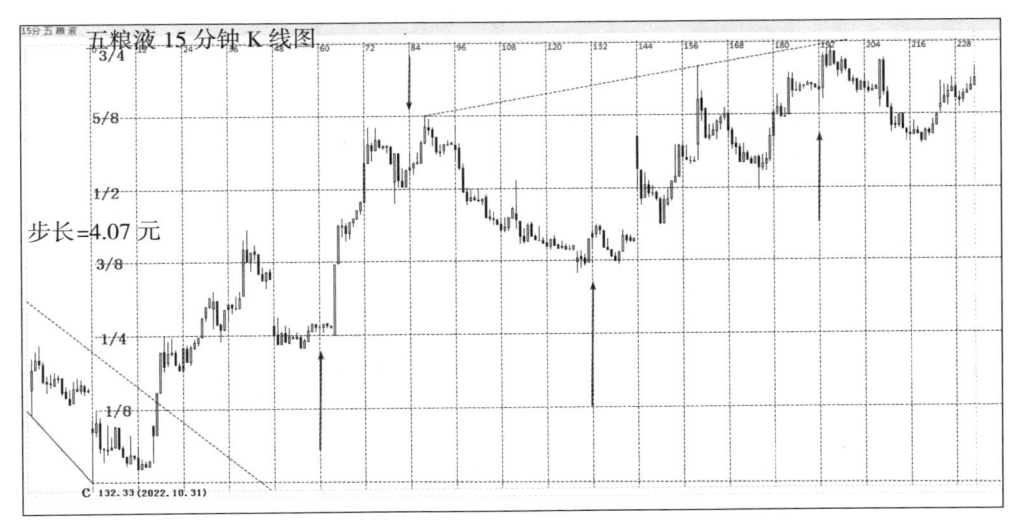

图3-23　五粮液15分钟K线图

第八节　时间、空间分析法在 K 线图上的应用

一、应用实例

实例1　上证指数

上证指数从2021年9月14日的3723.85点开启向下调整走势，A浪调整结束后，最低点为3448.44点。由此，应用江恩八分法，计算出价格步长为275.41点，然后分别计算出1/4和3/8位置的指数。正常情况下，日线级别调整中，3/8位置是一个相当重要的支持位。时间之窗取步长30，画出日K线时间之窗，如图3-24所示。

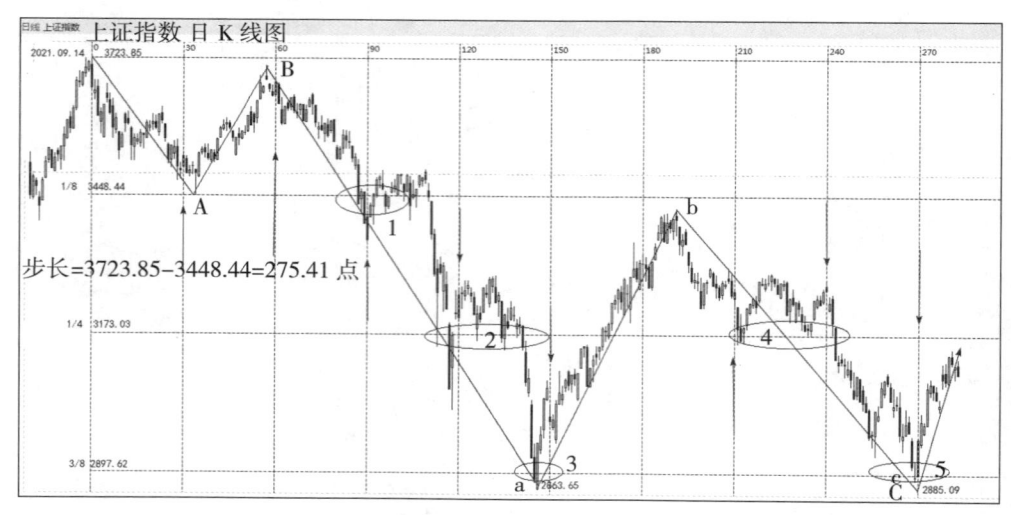

图3-24　上证指数日K线图

上证指数2022年10月31日创出低点2885.12点后，开启了一波向上反弹行情，15分钟K线上第一波高点为2926.02点。由此，应用江恩八分

法，计算出价格步长=2926.02-2885.12=40.90点，然后分别计算出1/4、3/8、1/2、5/8和3/4位置的指数。正常情况下，15分钟短线级别反弹中，5/8～3/4位置是一个较强的主力区。时间之窗取步长12，画出15分钟K线时间之窗，如图3-25所示。

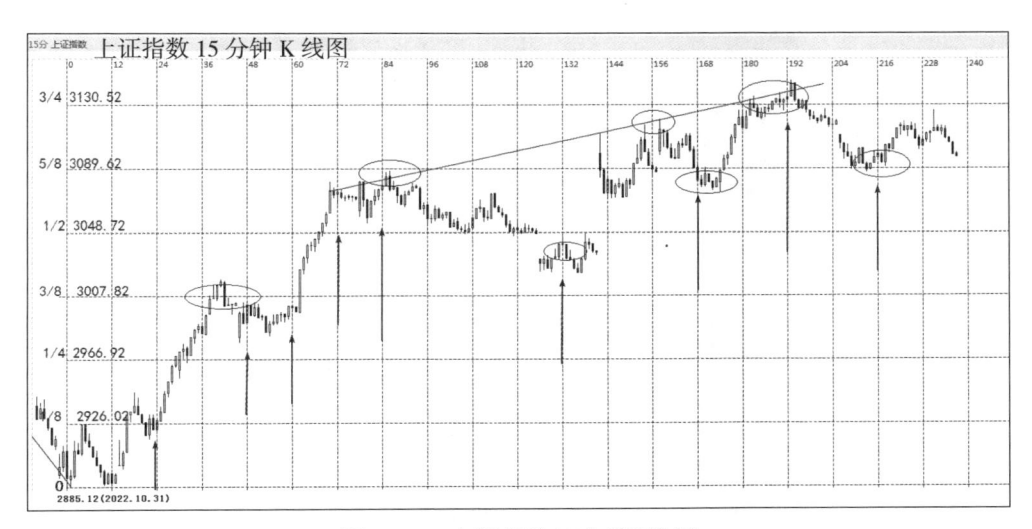

图3-25　上证指数15分钟K线图

实例2　美元指数

美元指数2021年1月6日创出低点89.19点后，于2月5日走出一波上涨行情，到91.60点。使用画图工具，选取黄金分割工具，将画笔起点放在89.19点向上拉，将黄金分割比率中的0.236位置拉到91.60点位置，点击鼠标左键完成画线。正常情况下，斐波那契数列0.618、1.000、1.618、2.000、2.382和2.618比率位置，都是比较重要的阻力位与支撑位。时间之窗取步长30，画出日K线时间之窗，如图3-26所示。

实例3　美元/人民币（离）

美元/人民币（离）2021年2月28日创出低点6.3081点，之后于3月15

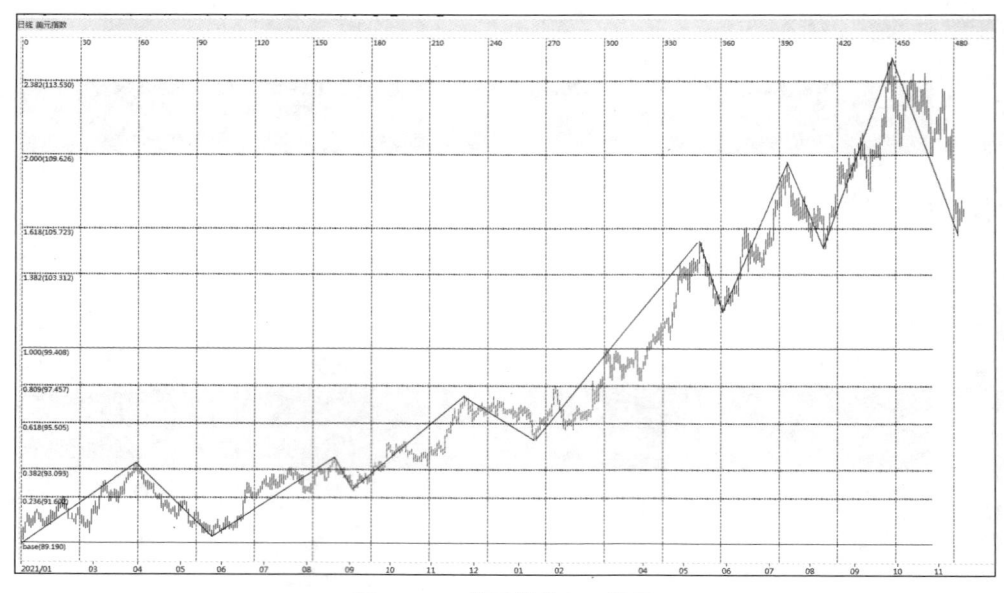

图3-26　美元指数日K线图

日走出一波上涨行情，到6.4106点。选取黄金分割工具，将画笔起点放在6.3081点向上拖拉，将黄金分割比率中的0.236位置拉到6.4106点位置，点击鼠标左键完成画线。正常情况下，斐波那契数列0.618、1.000、1.618、2.000、2.382和2.618比率位置，都是比较重要的阻力位与支撑位。时间之窗取步长30，画出日K线时间之窗，如图3-27所示。

实例4　伦敦金

伦敦金从2022年3月8日2069.94美元开启向下调整走势，A浪调整结束后，最低点为1889.40美元，反弹B浪高点1998.72美元。应用波浪尺测量下跌空间结构，步长=B点-A点=109.32美元，向下100%位置=1889.40-109.32=1780.08美元；161.80%位置=1889.40-109.32×1.618=1712.52美元；200%位置=1889.40-109.32×2=1670.76美元；238.2%位置=1889.40-109.32×2.382=1629.00美元。实际走势中，2022年9月28日伦敦金最低1614.60美元。正常情况下，日线级别调整中，100%、161.80%、

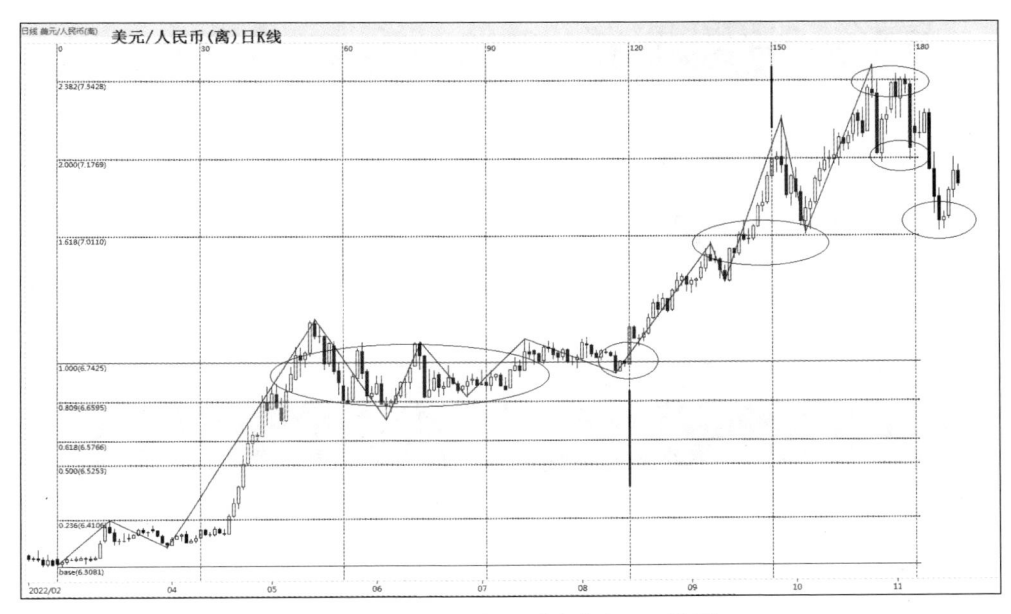

图3-27 美元/人民币（离）日K线图

200%、261.80%位置都是重要的支持位。时间之窗取步长30，画出日K线时间之窗，如图3-28所示。

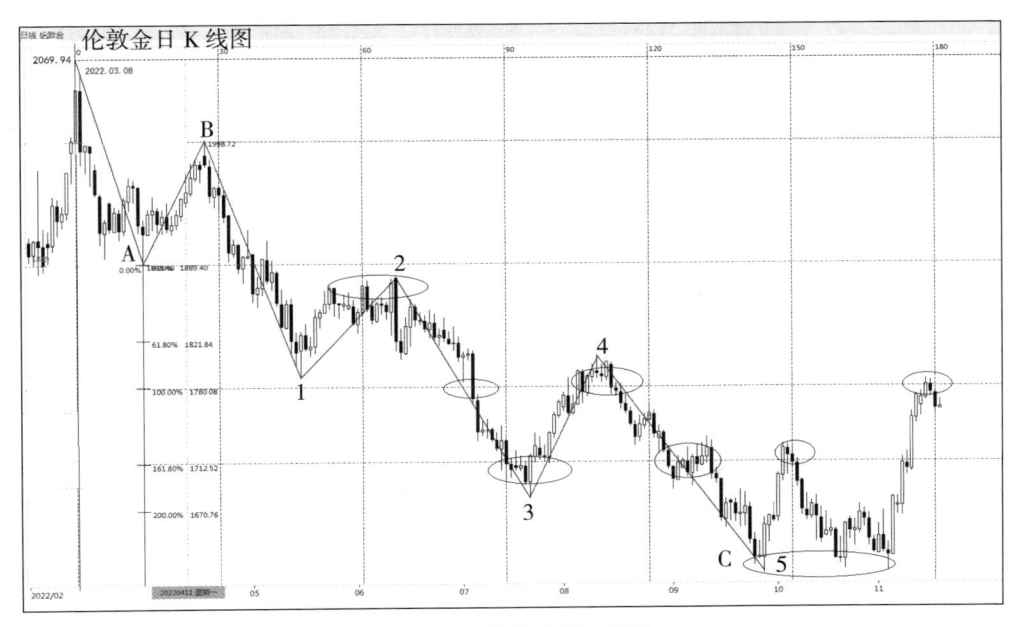

图3-28 伦敦金日K线图

二、技术分析的基本逻辑

以上选取不同市场指数及商品走势，应用江恩时间、空间分析法原理，在K线图上绘制出时间坐标与空间坐标。这里主要讲的是绘制方法，没有讲综合分析，其目的是让读者自己依据图上日期、数据和绘制方法，亲自动手绘制并完成分析，感受一下江恩分析方法在K线图上的实际应用效果。事实上，将江恩时间、空间分析法转换到K线图上后，这套方法便简单易学，且相当精准。

下面再简述一下江恩技术分析的基本逻辑，供大家参考。

在价格走势分析中，趋势是重要的，分析、交易必须将趋势放在首位，以趋势为主，通过时间、价格、形态与成交量的变化来判断价格趋势的延续与反转。例如，当价格到达空间重要目标位时，恰好也是时间之窗位置，形态结构也完成了基本结构。此时，如果价格出现区域振荡，且调整（反弹）幅度及调整（反弹）时间都大于之前的调整（反弹）幅度及调整（反弹）时间，这样，从时间、价格、形态和成交量四个方面就可判断达到一致性，趋势即将反转。当价格跌破或突破操作级别趋势线，反弹无成交量配合（调整时放量下跌），此刻趋势、时间、价格、形态和成交量在一个较小的区域内达到一致性，发出卖出信号，则可以确认价格趋势已经发生反转。

价格进入顶部或底部区域，一般不会马上下跌（上涨），有时还可能创新高（新低），但总体上趋势形成了横盘振荡格局，时间也已经大于前面一波横盘调整时间，成交量在逐渐缩小（放大）。外在因素中只有价格还没有走坏（突破下跌趋势线），此时，必须遵从辩证统一的观点抓大放小，尊重趋势这个主要因素，放弃可能进一步上涨（下跌）的空间，规避较大的下跌（空仓）风险，逢高减仓离场（逢低分批买入）为上策。

第四章
江恩空间分析法

江恩角度线是指根据股票、期货的时间和价位，用其独有的波动率画成的扇形预测工具。它代表时间与价位的平衡关系，在上升或下降趋势中，若时间、价位同时到达一个平衡点，市场将发生振荡。江恩强调价格的平衡及和谐运行，当角度线相交或形成某个角度，将会产生共振，预示市场将发生变化。绘制江恩角度线，最重要的是确定1×1线。1×1线表示1单位时间=1单位价位，即45度角度线。这个45度并不是K线图上的45度，45度角度线的真正意义是：45度角度线上的点是江恩强调的市场最重要的平衡和谐点。据此，笔者将自创的初始波理论中的混沌区域概念引入江恩角度线1×1线的绘制中。因为混沌区域分界线是由初始波计算出来的，所以据此画出的江恩角度线是唯一的、可量化的。同时，本章还详细讲解了由江恩角度线演化出的江恩箱体线、速度阻力线，以及与空间结构线的综合应用方法。

第一节　江恩角度线

一、江恩角度线绘制原理

　　江恩角度线绘制原理：

$$波动率=（重要终点价位-起点价位）/时间周期$$

　　江恩角度线的应用意义如下。

　　（1）测算波动率需要历史数据，数据越多、周期越长则越准确。所以，新股无法准确确定其波动率。

　　（2）关键是重要起点的判断，选错了起点，意义就会不一样。

（3）起点与终点的选择要注意，一定要与时间周期结构相符合，月线、周线的高低点不一定符合日线、小时线的要求，要在特定的时间和坐标内观察有意义的重要点位。

上升趋势波动率和下降趋势波动率的计算：

$$上升趋势波动率=两个重要底部点位高差/时间周期$$

$$下降趋势波动率=两个重要顶部点位高差/时间周期$$

这两个公式是绘制1×1线的重要依据。如波动率是0.56，在绘制角度线时，时间取1个单位，价格取0.56个单位，画出1×1角度线。江恩角度线是按时间与价位之间的比例计算的，最重要的是1×1线，即一个单位的时间等于一个单位的价位。当市场到达这个平衡点时，便会出现振荡。在实际应用中，确定1×1角度线是能否正确画出江恩角度线的关键。江恩角度线的作用是为金融价格的未来走势确定一个操作界限，其实质也是空间区域划分。

二、应用初始波特性绘制江恩角度线

这里将初始波概念引入江恩1×1角度线中，初始波概念能使大家更好地理解江恩角度线与空间逻辑结构的关系。正确画出江恩角度线的关键是如何确定1×1角度线，也就是如何确定波动率的问题。画出1×1角度线只需两个点，一个是起点，另一个是符合江恩1×1角度线定义（一个单位的时间等于一个单位的价位）的点位，这两个点位确定了，问题就解决了。

如图4-1所示，起始点是2020年3月19日上证指数最低点2646.81点；120分钟K线图上，3月20日出现第一波高点为2751.91点。初始波幅 $a=2751.91-2646.81=105.10$ 点；初始波61.80%黄金位 $=105.10÷0.236×0.618+2646.81=2922.03$ 点。按照江恩"时间=价格，价格=时间"这一原则，将价格第一次实际完成61.80%初始基本目标位的1点位置2914.28点（实际完成点位与理论计算61.80%点位会有一定偏差）确定为"价格=时间"的平衡点。1点与初始起点连线构成江恩1×1角度线。

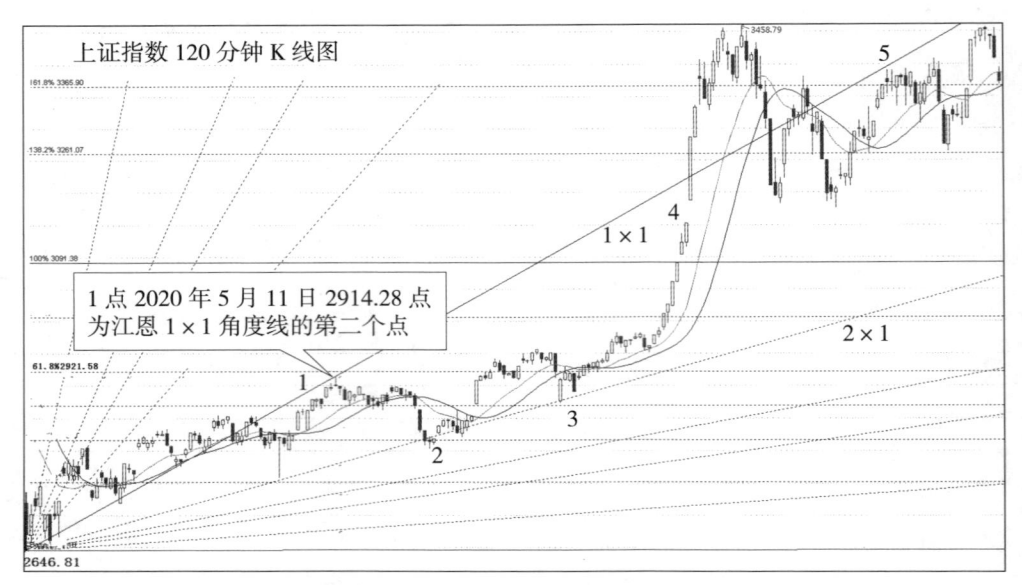

图4-1 应用初始波特性绘制江恩角度线——上证指数

江恩角度线是应用初始波概念确定1×1角度线画出的。如图4-2所示，香港恒生指数以2016年2月19日18278.80点为初始波起点，初始波高点为2016年4月29日21654.07点，初始波幅a=21654.07－18278.80=3375.27。

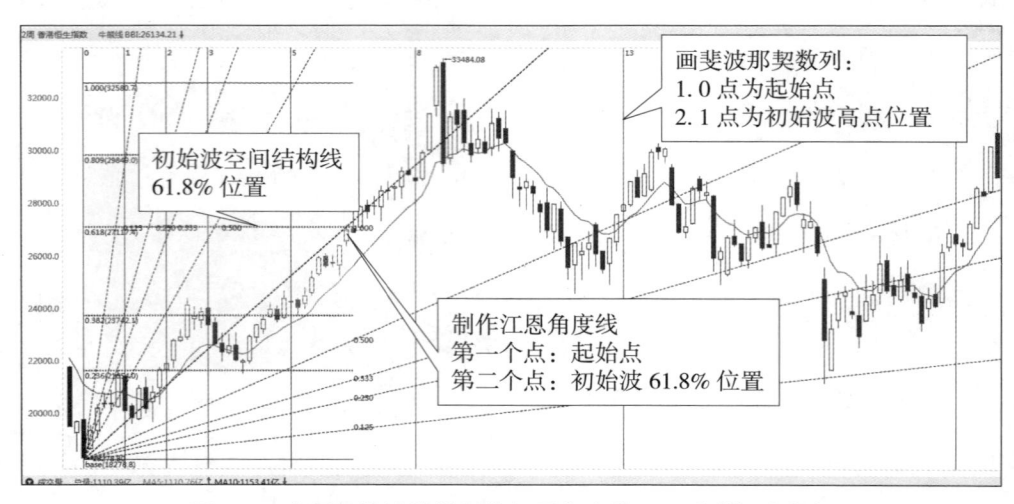

图4-2 应用初始波特性制作江恩角度线——香港恒生指数

初始波61.80%黄金位=3375.27÷0.236×0.618+18278.80=27336.20点。取初始波起点和初始波61.80%黄金位的价格平衡点作为江恩1×1角度线的两个确定点画出江恩角度线。

第二节　江恩箱体线

江恩箱又称江恩时间价格计算器，是从重要趋势转折低点和重要趋势转折高点画出来的。江恩箱体理论与江恩角度线是一样的，也是研究股价运行幅度与时间关系的一种技术分析工具。江恩名言"价格=时间，时间=价格，价格与时间相互转换"是江恩制作角度线的依据，其中"价格=时间，时间=价格"指趋势发生转折的转折点，而"价格与时间相互转换"是指在上升或下跌趋势中，如果调整或反弹的时间比前一次调整或反弹的时间长，则价格趋势将面临转势；若调整或反弹的幅度比前一次调整或反弹的幅度大，则价格已经进入转势阶段。制作江恩角度线、江恩箱体线，就是要找到这两个重要的转折点。

2020年4月30日，包钢股份在周K线上创出1.02元低点（原始上涨起点为第一个重要趋势转折点），之后走出了一波上涨行情。第一波上涨趋势最关键转折点是1点，也就是第二个重要趋势转折点。有了这两个点，江恩上升趋势角度线自然就画出来了，即用江恩1×1角度线将这两个重要趋势转折点连接起来。

江恩箱体线由上升角度线和下降角度线构成，上升角度线刚才已经画出，下降角度线需要等待这波上升趋势结束后才能确定起点。上升趋势的终结点4.12元，就是下降角度线的起始点，另一个重要转折点这里依然选择1点。具体画法是将画笔起点放在2020年4月30日上方4.12元（下降角度线的起始点价位）位置向下拖拉，与1点连成直线（江恩下降角度线1×1线），江恩箱体线即绘制完毕，如图4-3所示。

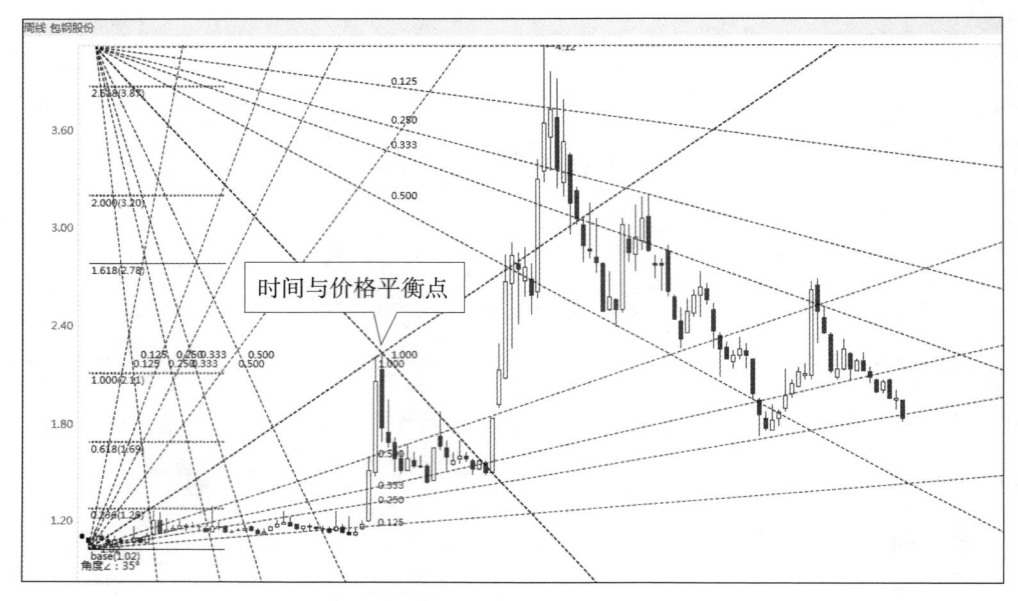

图4-3 江恩箱体线——包钢股份

绘制江恩箱体线应注意两点。

第一，江恩角度线1×1线两个点位的选择，必须是大盘指数或者个股的两个重要趋势转折点，这是绘制江恩箱体线的关键，直接决定江恩箱体线的测市效果。投资者在画江恩箱体线时，最好移动画笔多试几个落点，尽最大可能让箱体线与更多重要的趋势转折点接触。

第二，绘制江恩箱体线需要足够的K线数据，因此，必须等到能确定第一波行情从上涨（下跌）到调整（反弹）结束，才可以依据第一波行情重要的趋势转折点数据绘制出江恩箱体线。

另外，江恩箱体线也是需要修正的，需要根据行情的变化不断校正之前画出的江恩箱体线，尽最大可能让校正后的箱体线与更多重要的趋势转折点接触，这样才能保证箱体线准确反映股价的运行趋势。

在应用角度线或箱体线对股价走势进行分析时应注意两点：①通过江恩箱上各条角度线判断其对股价的支撑与阻力作用；②江恩箱上各条角度线的交点，也是容易出现转折的位置。

江恩箱中的各条角度线，对股价运行均会起到或多或少的支撑或阻力作用，区别在于有的角度线所起的支撑或阻力作用更强。当股价跌破某条江恩角度线时，往往会向下一条角度线寻找支撑力量。如果这条支撑线不足以支撑股价的运行，股价还将继续下跌。当股价上升突破某条下降的江恩角度线时，这条角度线就会由阻力作用转变为支撑作用，同时股价还会上探另一条江恩角度线的阻力。对于投资者来说，股价在某条角度线上受到支撑或阻力，都可以看成一个重要的买入或卖出时机。

江恩箱各条角度线的交叉点，也是容易出现转折的位置。由于各条角度线的交叉点反映了几条支撑线或阻力线的合力作用，所以股价在交叉点发生反转的概率更大。当股价经过多次突破或者跌破之后，如果在某一条角度线的交叉点附近出现与之前相反的趋势，那么投资者应注意行情很可能出现转折。

根据江恩箱买入股票时，应该注意以下两点。

第一，当股价运行到江恩箱角度线位置时，投资者不可匆忙入场交易，而应注意观察此时股价的运行情况。如果出现明显的止跌迹象，方可进行交易。

第二，当投资者根据某条江恩角度线入场交易时，应将该角度线作为止损位。例如，投资者判断股价在 2×1 线处获得支撑，据此进行买入操作，此时可将 2×1 线作为止损线。一旦后市股价没有按照预期的趋势运行并跌破该线，应止损卖出。

第三节　速度阻力线

速度阻力线同样是测量调整位置的一种空间测量工具，画法比较简单。在画线工具中找到速度阻力线，将鼠标放在起点，然后拖拉到终点松手即可完成。速度阻力线分为上升速度阻力线和下降速度阻力线。

一、上升速度阻力线

如图4-4所示，在宁德时代60分钟K线图上，以2022年12月28日低点380.28元为起点（0点），用画图工具中的速度阻力线，将起点0和第一波上涨最高点1点（490.56元）连接起来，上升速度阻力线就绘制完成。上升速度阻力线1是价格回调23.6%位置，价格不跌破该线属于小级别调整，保持仓位，持股待涨；跌破该线适当减轻仓位。上升速度阻力线2是价格回调

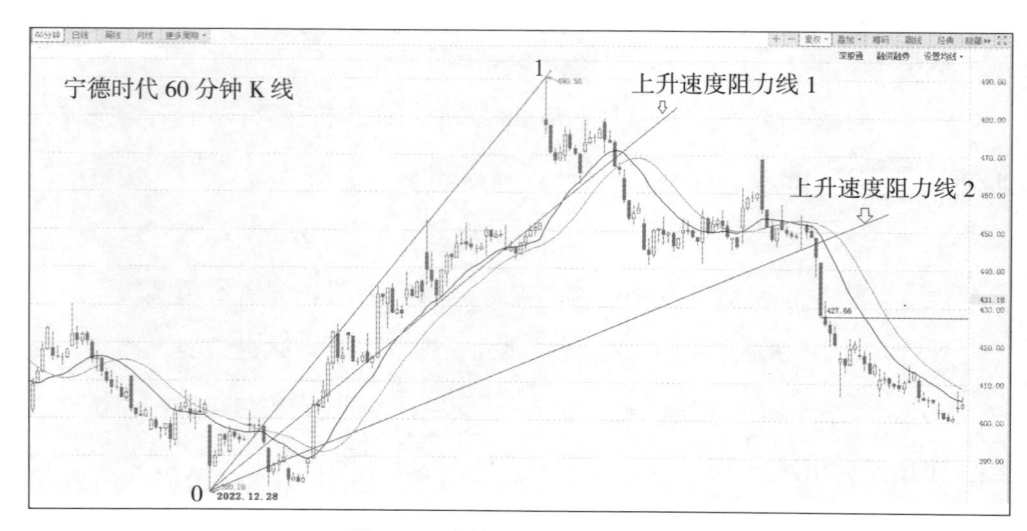

图4-4　宁德时代60分钟K线图

38.2%位置，是进一步减仓的警戒线，跌破该线就可以判断价格进入调整，应进一步减轻仓位或离场观望。在实际中，上升速度阻力线1、2可作为止盈线使用。

二、下降速度阻力线

如图4-5所示，在阳光电源日K线图上，以2021年10月27日最高点178.98元为起点，用画图工具中的速度阻力线，将起点1和第一波反弹高点2连接起来，下降速度阻力线就绘制完成。可以看出下降速度阻力线在3、4、5、6点均起到了压力与支撑作用。

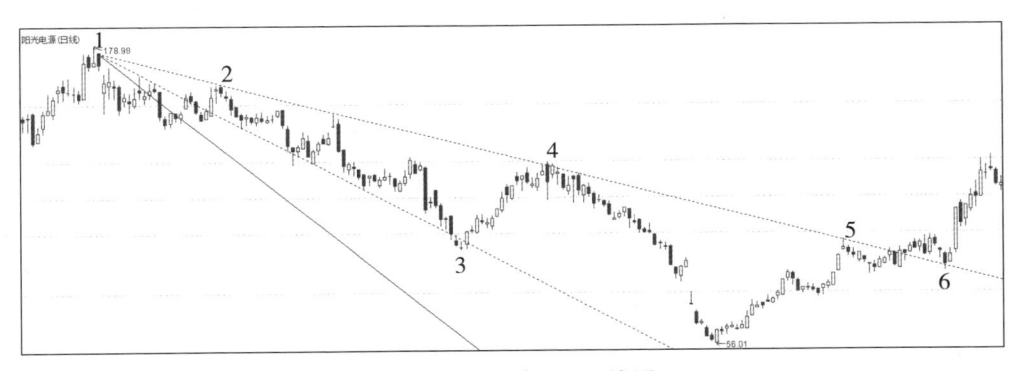

图4-5 阳光电源日K线图

三、速度阻力线的校正

将鼠标放在速度阻力线上右击，点击设置属性，选择定位点设置，更改最高点、最低点数值即完成校正。不同软件的速度阻力线显示出的条数不同，最多4条，最少3条。速度阻力线与江恩角度线的应用方法相同，就是支撑与压力关系的判断与转换。如上例中，股价跌破速度阻力线，反弹没有站在速度阻力线之上，这条速度阻力线会转换成压力线，股价继续下跌，读者仔细琢磨就能明白，这里不再赘述。

第四节　空间结构线与角度线综合应用

一、应用初始波划分价格区域

为了更清楚地认识金融产品价格的运动规律，按照金融产品价格的运动性质，将金融产品价格未来的运动空间划分成三个区域：①混沌区域，将初始波61.8%黄金位以下的区域定义为混沌区域；②成长区域，将初始波61.8%～161.8%黄金位区域定义为初级成长区域；③目标区域，将初始波261.8%～423.6%黄金位区域定义为目标区域。

区域划分的意义在于分区制订操作策略，通过分析价格到达临界点时的表现，来判断和应对未来可能发生的变化。在初始波斐波那契数列中，61.8%、161.8%、261.8%、423.6%是最重要的价格临界点，其次的临界点是38.2%、50%、100%、200%。

自然界中很多事物都是相同的。价格区域的划分是依据价格区域的运动性质划分的，价格一旦突破61.8%混沌区域界限，行情就会深入展开，进入快速成长区域。就像花朵成长过程一样，61.8%之内属于含苞待放，一旦花苞张开，很快就会绽放，这是自然规律。实践证明，价格成长也是符合这一规律的。

二、初始波空间结构的画法（价格坐标）

空间结构线的画法比较简单，重点是找到两个基准点，下面举例说明。

实例　阳光电源

阳光电源2021年3月25日完成了一波调整，在最低点60.76元之后形成一波反弹，价格突破下降趋势线，第一波反弹高点为78.78元。最低点60.76元和第一波反弹高点78.78元是画图的基础数据。在软件中打开画图工具，选择黄金分割线作为画图工具，将画笔中黄金分割线起点对准上升趋势起点60.76元，然后按住鼠标向上拖拉，将画笔中黄金分割线的23.6%线对准第一波高点，松开鼠标，即完成画线，如图4-6所示。

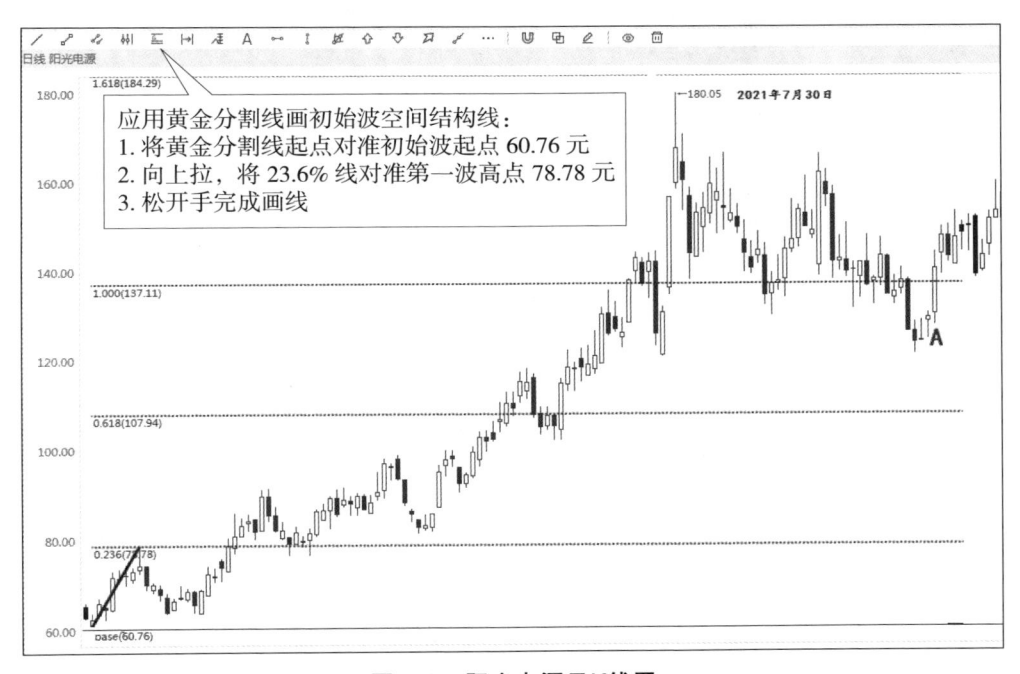

图4-6　阳光电源日K线图

画线点位可以校正，具体校正方法是：将鼠标放在起始线上右击，点击设置属性，选择定位点设置。设置栏中第一个点位是起始点，如果数值不对，按起始点价格修正即可。第二个点位是100%位置，需要计算一下再更改。

未来空间结构计算公式：

$$H^n = r + a \times 1.618^n \ (n=0, 1, 2, 3, 4\cdots\cdots)$$

本例中，$n=0$，$r=60.76$元，$a=(78.78-60.76) \div 0.236 = 76.36$

（元），可以算一下100%位置是137.12元。第一波上涨目标$n=1$，$H^n = r + a \times 1.618^n = 60.76 + 76.36 \times 1.618 = 184.31$（元），实际最高点是180.05元。

三、应用实例

股价经过长期横盘，价格突破混沌区域上轨，回撤没有回到混沌区域内部，则出现混沌区域3类买点，是一个确定性很强的买点。

实例1　美元指数

如图4-7所示，2021年1月8日，美元指数自低点89.19点反转上涨。图中江恩角度线是采用价格突破初始波混沌区域上轨61.8%位置之后，由第一

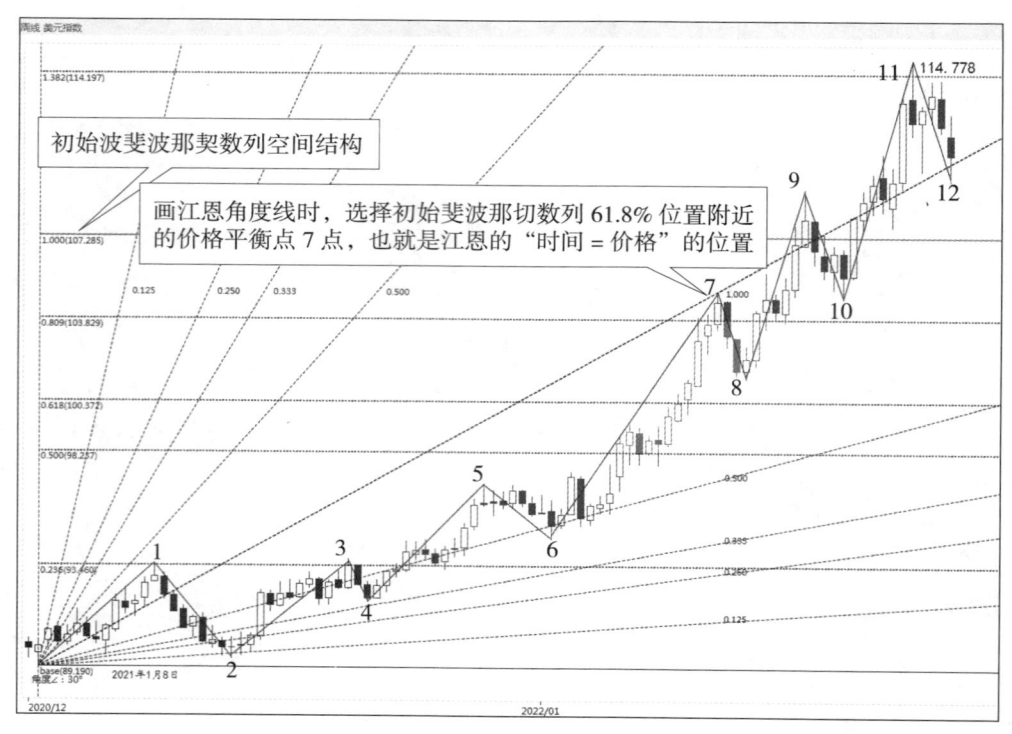

图4-7　美元指数周K线图

个价格平衡点（7点）与这波行情起点的连线绘制的。价格形成01段初始波，之后12段回撤没有跌破前低点。23段向上突破江恩角度线0.5线，经34段回调，45段再次向上突破，再经56段二次回调确认得到0.5线支撑，价格向上突破混沌区域，在7点达到平衡。8点回调确认没有触及混沌区域上轨，随后掉头向上突破江恩角度线1×1线，表明行情进入强势状态。

江恩角度线是时间与空间相互转换的时空分析工具，1×1线是"时间＝价格，价格＝时间"的平衡点，价格在1×1线上方表示强势。初始波混沌区域上轨61.8%位置是空间结构线强弱区域的分界线，价格突破并站稳混沌区域上轨表示进入强势区域。二者结合分析，结论的可靠性将增强。

空间结构线的重要位置与角度线的重要位置综合研判，也是相互印证价格走势强弱的重要依据。例如，本例中要结合80.9%、100%空间结构线与1×1角度线来分析。

实例2　美元/人民币（离）

如图4-8所示，美元/人民币（离）2022年2月28日创出低点6.3081点，经01段和12段两波走势形成多头态势，又经23段和34段第二波多空博弈，确认指数进入强势状态。4点成为确定性的混沌区域3类买点，4点也是前两波多空博弈的平衡点。这里选择4点为江恩1×1角度线的第二个绘制点，由此画出江恩角度线。

空间结构线的重要位置与角度线的重要位置综合使用，是判断指数或价格支撑位与压力位的重要依据。读者可以仔细看一下，图中80.09%、100%、161.8%空间结构线与1×1角度线附近的价格变化预期与二者的相互关系。

江恩在分析价格走势时，强调的是时间与价格共振，初始波空间结构与江恩八分法、三分法价格空间结构都是分析价格空间结构的一种方法，谈不上哪个方法更准确。与时间周期分析一样，不同的主力操盘有不同的走势节奏，应用时可以两种方法都试一试。

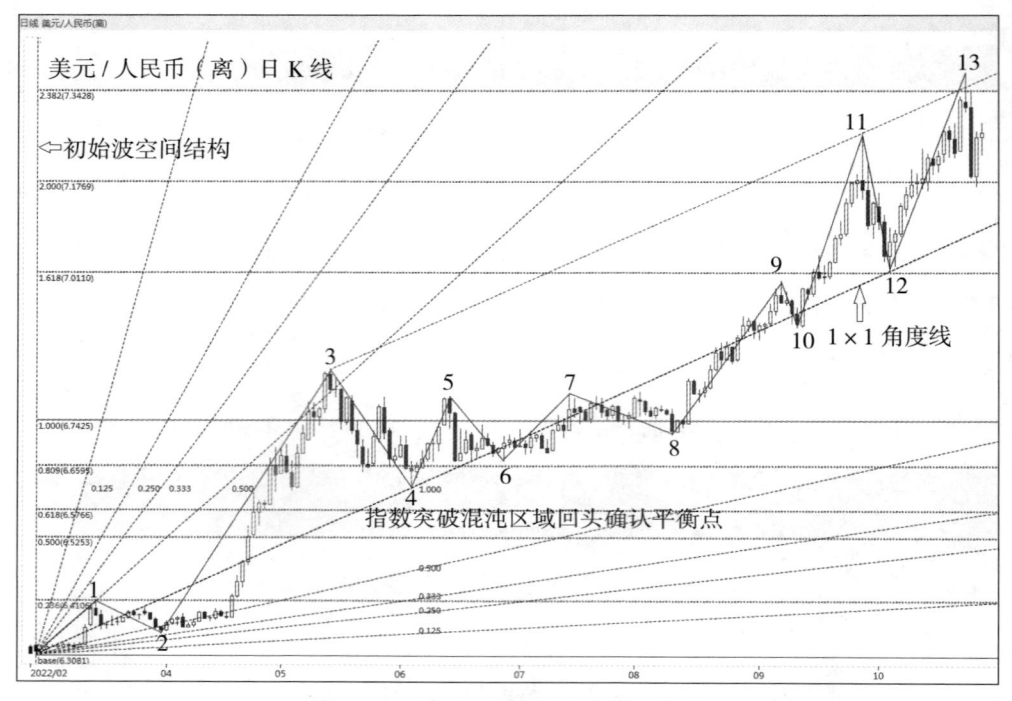

图4-8　美元/人民币（离）日K线图

美元/人民币离岸指数的走势与初始波空间结构吻合度还是很高的，指数向上突破混沌区域上轨61.8%位置后，经过3个交易日小幅回撤振荡后，第4个交易日拉出大阳线，向上动力充沛。指数围绕初始波空间结构100%位置上下振荡近3个月。再看一下，当指数到达初始波空间结构161.8%、200%、238.2%位置时，指数都发生了振荡回调。回调力度小，之后反弹上涨力度就大。相反，回调力度大，反弹上涨力度就小。

第五章

江恩交易系统

江恩分析系统主要分两个部分：①波动法则、循环周期理论、波动速率、折返支撑与压力，江恩认为金融市场是根据"波动法则"运行的；②八分法与三分法，江恩将圆、四方形和三角形作为分析工具，运用几何学、星象学、天文学中的自然运行法则及衍生、演绎规律分析金融价格走势。

江恩交易系统主要分三个部分：①交易计划、止损计划；②交易规则；③资金、仓位管理。

分析系统与交易系统共同构成江恩投资系统，即江恩理论。

第一节　江恩交易系统的主要内容

一、谨慎依规交易

资本市场最大的魅力是机会无限，但与机会相伴的风险也是巨大的。投资中有两个重要的问题：①控制风险，放大机会；②保持耐心，寻找确定性机会。江恩指出，在投资市场上，不要渴望发生一些不可能发生的事情，在一波大行情最高点或最低点卖出或买入，连续投资并大发一笔，这样难得的大好机遇几年才能出现一次。

1. 投资是生意，树立正确的生意理念和法则

投资交易与其他生意一样，都是博取利差。在生意场上，只有懂得经营生意，懂得规则和市场运行规律的人才能赚到钱。如果你将投资交易当作正常生意来做，不寻求获取暴利，不拿身家性命去赌，谨慎依规完成每一笔交易，无论这笔交易是亏还是盈，总体上你都会保持长期稳定盈利。事实上，人们在资本市场的表现恰恰相反，用"初生牛犊不怕虎"来形容刚入市的投资者一点都不为过，尤其是经过小试牛刀、交易中稍稍有点收益的投资者，他们往往以为自己是天才，不顾一切地往里冲，被套后就死扛到底，并美其名曰"长线投资"。股票投资收益取决于风险与胜率的比率，取决于每次亏损与每次盈利大小的比率，并不是源于一次性收益，否则就是赌博。如果以赌徒心理去频繁交易，今天不亏完，明天不亏完，早晚一定会亏完。即使某一次挣到钱了，赌徒也不会离开赌场，最终结局都是一样的，这是赌徒的宿命。

放下基本面不说，这里单说交易。投机是投资的起步，每次交易都是以投机开始的。只有认为趋势即将上涨，大家才会买入。如果判断正确，将会逐步加仓，投机则转变为投资。投机大师索罗斯说，投资和投机之间没有重大区别，唯一的不同就是，投资是成功的投机。如果你判断错误就会出现亏损，这时你必须限制亏损幅度，及时止损。失败了就是"偷鸡不成蚀把米"，非常正常。"截断亏损，让利润奔跑"是投资盈利的最大诀窍。

2. 江恩交易规则

江恩建立的交易规则非常清晰，实战性很强。与江恩技术分析理论相比更容易被投资者接受，是江恩理论的重要组成部分，也是每个投资者的必修课。江恩发现，大多数人亏损的原因是对市场知之甚少。他指出，技术分析就是通过对历史的研究找出规律，去解决当下投资中要面对的三个问题：①什么位置买入或卖出；②什么时候买入或卖出；③如何买入或卖出。针对这三个问题，江恩建立了自己的交易系统。

下面就笔者的理解，具体介绍一下江恩交易系统的主要内容。

江恩交易系统主要指江恩的交易规则，内容有交易计划、止损计划；交易规则；资金、仓位管理。20世纪50年代，江恩坐着自己的私人飞机在美国各地授课，学费为5000美元，学费的购买力可能比今天的10万美元还要强，但学员们依然认为很值得。

在江恩理论中，有关技术方法的论述很有神秘性，江恩只是做表面化的解释，对其背后隐藏的深意闭口不谈，致使许多概念没有明确的定义，令人费解。但他在实战授课时，讲解的实战交易系统却直截了当，一针见血，非常明确。在江恩授课的原始资料中，被称为"为交换谷物的机械方法和趋势指标"就是江恩交易系统的主要内容。

二、实战交易系统

1. 交易计划与资金管理

技术分析是交易计划的基础，技术分析是为交易计划的实施服务的，二者是相对独立的两个概念。技术分析是通过价格走势的外部因素（趋势、空间、形态、成交量）来分析市场趋势方向、支撑与阻力区域，而实战交易系统是指导具体交易的细节与步骤。

"技术分析系统+实战交易系统"构成完美的投资系统，这个投资系统是走向成功的关键。一个有效的实战交易系统主要由两部分构成。

第一，交易计划，包括：①趋势方向（市场方向和整体趋势）；②可交易的趋势（趋势方向和趋势级别）；③支撑和压力点；④买点、卖点与止损点位。

第二，资金管理，包括：①实施交易计划需要的本金；②止损或反转的规则；③盈利保护规则；④投入资本交易的百分比例。

要充分理解交易系统的重要性，没有计划的交易是盲目的，没有规则的计划是无效的。交易计划、交易规则都是以技术分析为基础建立的，如果没有一套完整的技术分析系统，就不可能有一套完整的实战交易系统。对于交易计划、交易规则，如果没有经过历史实践测试和检验，怎么知道其可行性。只有在技术分析系统与实战交易系统都经过验证是可行的情况下，才能保证交易结果具有很大的胜算。但这里依然要强调，无论胜算有多大，都必须遵守止损规则，规则是生存法则，是继续前行的保证。

2. 交易方法——3日高低线

3日高低线是连续的3日高点或低点的移动平均线，是将连续的3日高点或低点相加后除以3得到的移动平均线。3日高低线可以通过计算在K线图上画一条较短的水平线来表示，这个水平线的价格点位就是指导第二天交易行动的参考。

3日高低线为实时分析和交易提供了一把尺子，使得在实时交易中有了量化概念，买卖交易不再凭感觉或者臆想，可为日内交易提供依据。对于日内交易，可以使用当天动态的高点或低点将3日高低线计算出来，以便有一个价格水平作为当日交易的参考依据。将3日高低线连续地画在K线图上时，会清楚地看到它的作用。可以说，3日高低线作为一个买卖触发信号，对于指导买入、卖出交易或止损都有特殊的意义。

当将3日高低线作为日常交易原则时，就会熟悉市场价格的运动机理。比如，在市场处于上升趋势时，大家可以一直等待。当收盘价低于走势下面的3日高低线时，发出卖出信号，此时应果断卖出。下跌趋势也一样。

3日高低线是一个非常简单、实用的交易原则。

3. 江恩买卖规则

（1）买入规则一：突破3日高低线时，出现买点。

如图5-1所示，长春高新2022年9月27日创出最低点153.03元，22日、23日、26日最高点分别是160.74元、158.80元、156.98元，3日高低线为158.84元。27日，当盘中价格突破3日高低线158.84元时，出现买入规则一确定的买点，止损点为最低153.03元。

（2）买入规则二：突破前高点，形成上升趋势时，加仓买入。

如图5-1所示，价格二次上攻突破前高点1形成上升趋势时，价格突破当日实时动态高点与前面两个交易日高点组成的3日高低线a（173.50元），则出现买入规则二确定的加仓点，止损点为前3个交易日形成的3日高低线b（168.24元，可根据图中日期自己计算一下）。

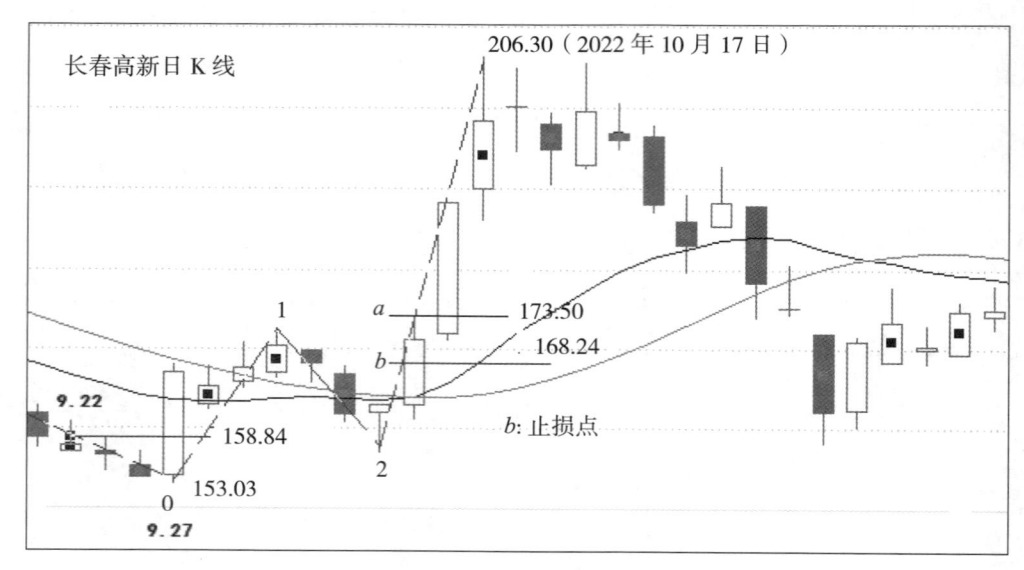

图5-1 长春高新日K线图

（3）卖出规则一：跌破3日高低线，收盘价在3日高低线之下卖出。

如图5-2所示，中信建投2022年6月21日的低点为25.62元，从这个低点起，将连续3日高低点相加，计算出连续3日高低点平均线①、②、③、④、⑤。7月4日价格跌破3日高低线，临收盘时价格依旧在3日高低线之下，触发卖出规则一，应在收盘前卖出。

（4）卖出规则二：跌破上升趋势线，跌破前低点时卖出。

如图5-3所示，在下跌趋势中，闻泰科技从2022年5月10日调整低点58.15元起，走出一波反弹行情，创出反弹高点1后，价格开始调整。在低点

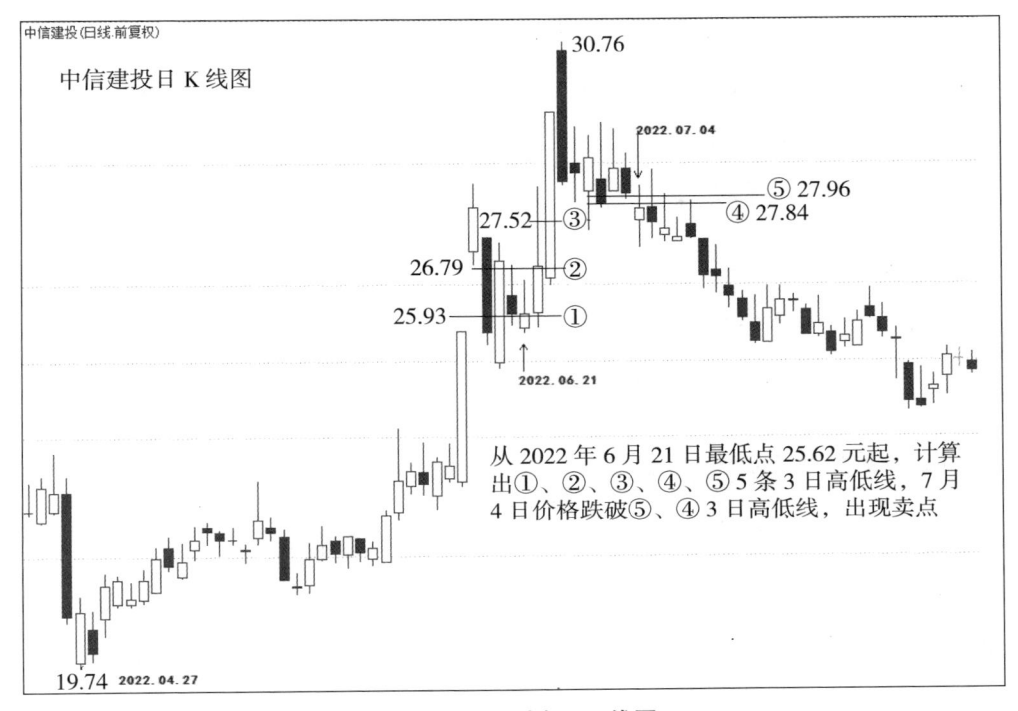

图5-2 中信建投日K线图

从2022年6月21日最低点25.62元起,计算出①、②、③、④、⑤5条3日高低线,7月4日价格跌破⑤、④3日高低线,出现卖点

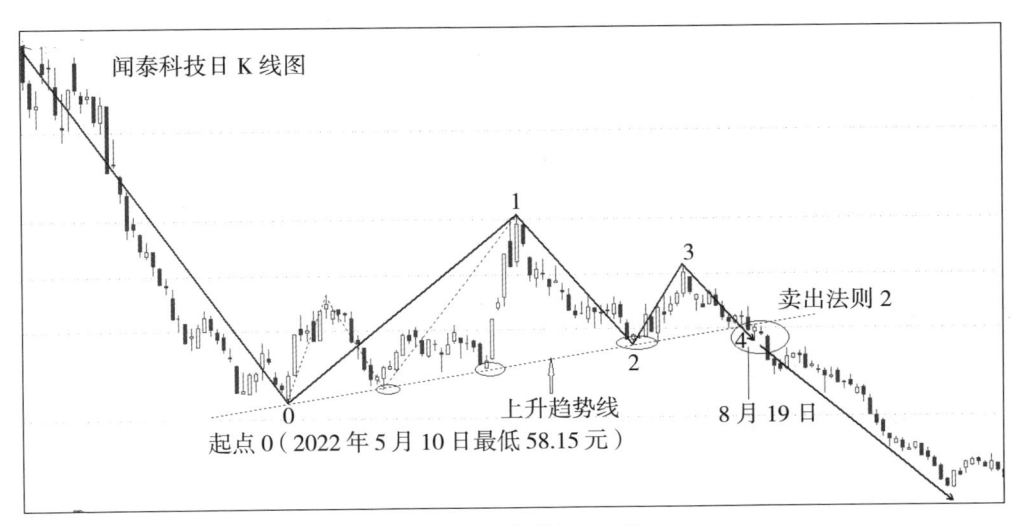

图5-3 闻泰科技日K线

趋势支撑线受到支撑反弹,反弹在不足1 2段50%的位置结束,开始向下调整。8月19日价格跌破上升趋势线,跌破前低点2触发卖出规则二,应在一到

两个交易日及时卖出。

（5）利润保护规则：①如果价格收在3日高低线之下，应及时保护已经取得的利润，最少卖出一半；②如果价格跌破3日高低线，折返比例大于38.2%，不必等待收盘，应及时卖出。

牢记并坚决执行交易规则，是投资者交易能力的体现，对投资者的投资生涯具有重要而深远的意义。一个不懂交易，不懂计划，没有交易规则的投资者，不可能在长期的投资生涯中获得成功，更不可能成为优秀的投资者。

4. 分析统计方法——9点平均波动图

江恩3日高低线以时间判断后市趋势方向，除此之外，江恩还应用9点平均波动图来监控后市趋势的走向。从时间、价格两方面监控价格趋势，寻求二者和谐共振，给出更确切的趋势方向，这是江恩分析趋势变化的核心思想。

江恩应用平均波动幅度的方法，统计1912—1949年道琼斯工业指数平均波动幅度，以下是37年内的统计和分析数据。

◎ 有464次波动幅度等于或高于9点，54次低于9点，仅有6次高于51点，平均每月有9点的波幅。

◎ 市场上的波动幅度超过50%为9～21点。

◎ 市场上的波动幅度有25%在21～31点之间。

◎ 市场上的波动幅度有12%在31～51点之间。

由以上统计数据可以看出，市场波动幅度在9～21点，这是一个重要的市场转换指标。9点平均波动图的应用规则如下。

（1）若市场在下跌趋势中，反弹低于9点，表示反弹乏力；超过9点，表示市场可能转势；若在10点之上，反弹可能至20点；出现超过20点的反弹，市场可能进一步反弹至30～31点，市场甚少反弹超过30点。

（2）市场处于上升趋势时，规则也一样。

在绘制图表时，对于上升趋势，价格上升超过9点，图表线可作上升，图表线跟随每日高点上移，直至价格出现9点下跌，图表线才跟随下移至当日最低点。

应注意：定义"9点数图"的转向，是由投资者自行决定的，成功与否关键在于投资者对分析标的历史波动幅度的分析。江恩的"9点平均波动图"以美国市场的统计为基础，9点转势的成功机会有近88%。在应用"9点平均波动图"时，投资者必须先了解所参与的市场指数或个股，对指数或个股各个阶段的波动情况进行统计分析，然后选取波动超过50%的波动幅度为确定的转折点，这样交易方为有效。

9点平均波动图是江恩时代的一种分析方法，分析方法的核心是分析反作用浪的幅度，应用反作用浪的力度判断趋势走向。第三章讲解的"多空分界法"就是应用了江恩9点平均波动图的分析逻辑，结合道氏理论给出的一种判断趋势反转的方法，这个方法比应用江恩9点平均波动图简单、实用，是时间、价格与趋势综合应用判断趋势转折的较好方法。

第二节　投资策略和规则

一、投资路径指引

1. 认识市场和自己

对资本市场的认知与人类对自然的认知是一样的，人类通过千百年的实践，从远古社会发展到现在，依然在孜孜不倦地探索自然。就像气候变化，从古人二十四节气到如今应用气象卫星准确预测每小时的气象预报，认知是逐步的、无止境的探索，只有掌握并熟练应用自然或资本市场的规律，为己所用，才能说你对自然或资本市场有了一定的认知。对资本市场、对自己的认知主要包括三个方面。

（1）对宏观经济基本面以及国家产业政策的认知。

（2）对影响价格走势因素的认知。

（3）对自己的认知，主要是性格、习惯上如何适应市场。在市场面前，无论是机构投资者还是个人投资者，都犹如大海中的一滴水，只有顺从市场趋势才能融入其中。

2. 投资策略与方法

投资也好，生活也罢，都要有风险意识，充分的准备是应对危机的基础。当危机来临之际，没有充足的资金，拿什么来应对危机。危机发生之前，很少有人知道危机是否发生。这里强调做任何事情都要有风险意识，就如同买保险，这是防范风险、保障正常生活和工作的一个重要基础。

投资最忌讳的就是仰仗他人。别人的意见不重要，重要的是自己的投资理念与投资策略。要用自己的头脑思考问题，专注做你最擅长、最有优势的事，不要得陇望蜀，见异思迁。特别是在危机来临时。理由很简单，盲目进入未知领域很危险，与潜在的机遇相比，恐怕遇到风险的可能性更大。

正确的投资策略有以下几个方面。

（1）根据自己的能力和对资本市场的认知程度，制订属于自己的操作策略。如上班族没有太多时间学习和研究市场，操作策略就应选择长线投资，投资方法选择最简单的市场情绪分析法，每天看看财经新闻。当市场一片悲哀、明星基金都亏损的情况下进入市场，分批建仓，完成投资的第1步。第2步就是看市场何时进入高潮，当所有的投资者都挣钱了，分批卖出，就算完美了结了本次投资。投资说起来简单，实际上投资者总是凭主观意志去行事，总觉得自己聪明，情况恰恰相反。

（2）有时间、有能力并且酷爱投资，就必须从影响市场价格走势的各个方面去学习并积累知识，通过研究市场，结合自己的性格习惯，制订属于自己的操作策略。如在当下市场热门赛道中，你对光伏、风电、储能、航天、军工等高端制造行业有深度了解，就选择自己认知程度高的几个行业的龙头公司进行投资。操作上结合市场大趋势，逢低建仓，长短结合。在你的认知圈内做板块轮动，高低切换，亏损的概率更低，获利的可能性更大。

（3）如果你想成为一名专业投资者，就必须学会使用各种手段分析市场，包括上市公司估值分析、市场情绪分析、价格走势分析等。

二、江恩12条买卖规则

江恩的最后一本重要著作是1949年出版的《华尔街四十五年》，当时江恩已是72岁高龄，他在书中坦诚披露了数十年来在市场的取胜之道。

江恩认为，投资者遭受损失主要原因有三：①在有限资本上过度买卖；②买入持仓未设止损，没有控制损失；③缺乏市场知识，这是在市场买卖中损失最主要的原因。

因此，江恩给投资者的忠告是在你赔钱之前，一定要仔细研究市场，进入市场之前一定要知道有没有能力应对：①你可能会做出错误的买卖决定；②你必须知道如何去处理错误；③出入市必须根据一套既定的规则，永不盲目猜测市场趋势；④市场条件及时间经常转变，投资者必须学习跟随市况转变。不过，由于人性永不改变，因此，在不同时间循环及市场条件下，历史会重复发生。

江恩在《华尔街四十五年》给出了12条买卖规则，这是他45年来在华尔街投资买卖的经验总结，也是江恩一生交易精华的浓缩。对于学习江恩理论的投资者来说，其重要性不言而喻。

江恩的12条买卖规则如下。

第1条：决定趋势。

第2条：在单底、双底或三底水平入市买入。

第3条：根据市场波动的百分比买卖。

第4条：根据3星期上升或下跌买卖。

第5条：市场分段波动。

第6条：根据5%至7%比例位置买卖。

第7条：成交量。

第8条：时间因素（时间=价格）。

第9条：当出现高低点或新高时买入。

第10条：决定大趋势的转势。

第11条：最安全的买卖点。

第12条：快市时价位上升。

每位投资者为自己制订的交易计划与资金管理制度，都是针对自己在交易中经常遇到的困惑与错误制订的，是用血换来的。每一个完美的交易规则都是应用技术手段，经过长期摸索、总结和反复验证而确立的。建立交易模型、交易规则的目的是帮助操作者自己克服人性中的弱点、战胜自我的一个有效手段，能否依规交易也是一个人投资获利能力的体现。

江恩在12条规则之上，应用自己的技术分析和交易方法，为自己建立了一整套交易系统。其中技术分析是为交易计划、资金管理与仓位控制提供依据的。交易方法以跟随市场趋势买卖为主。江恩技术分析和交易方法的独特之处是，将市场买卖交易与市场分析和预测分开，分析是分析，交易是交易，这也是他成功的地方。

关于江恩的12条买卖规则，第六章还会详细讲解。

三、遵循交易规则

许多投资者在亏损后，不知道有没有停下来思考一下为什么赔钱？每次交易错在哪里？如果你只是听了专家、朋友或自己在APP上看到一则利好消息，就冲动地买入一只股票，你肯定不知道交易错在哪里。亏损后，你依然持仓的依据只是自己对未来的希望。如果自己经过分析而买入股票，导致赔钱的另外一个原因，就是你不肯承认自己判断错误，并在交易时没有事先设定止损位。有很大一部分投资者忽略自己所犯的错误，将亏损归罪于运气，无非是为了安慰自己那颗脆弱的心。很多交易者不是不懂交易规则，而是在买卖股票时从未想过制订一个具体的交易计划和规则。

股市本身不会偏爱哪个投资者，更不会专门割散户的韭菜，人性的弱点致使大多数投资者亏损。事实上，股市中最大的敌人是自己，股票交易是对抗人性的，仅凭主观臆断、猜测或小道消息买入股票，一旦被套或出现极端情况，恐慌、不知所措是自然而然的事情。战胜自己是一种能力，而这种能力来源于知识。如果你没有能力或不愿意用规则约束自己，奉劝你一句：离开股市，不要拿你或别人辛苦挣来的钱任性而为。

交易是一项事业，在这项事业中，对投资市场认知程度高的人，比不懂市场的人具备更多优势。然而，与交易相关的知识太多，太繁杂，且多数是经验之谈的话，投资者也很难从中找到适合自己的方法。花了大量的时间与金钱，学习到的知识却是错误的，这令人悲哀！

一个好的方法或一本好书，必须具备如下几点：①论述的分析原则、交易方法必须具备逻辑性，起码有推理的过程；②具备通用性，适合于不同类型的交易市场，如石油、黄金、期货、股票市场都适用；③交易方法经过历史走势的验证，正确率应在70%以上；④学习后，能让学习者大致对市场、对自己有一个更明确的认知；⑤交易方法必须简单、易学，凡是复杂的交易方法都不是好方法，市场不会给你太多时间去考虑。

江恩的交易方法与交易规则恰恰就符合以上这些特点，但江恩理论是从西方翻译过来的，译本语言与逻辑表达都不是很顺畅，加上江恩理论讲方法的时候多，对于理论依据，江恩只说这是自然法则。

本人研究江恩理论20余年，对江恩理论的现代应用还算有些建树。事实上，本章讲述内容如果大家能全部搞清楚，能够通过学习、研究制订出自己的交易方法与交易规则，也能够达到在交易中长期稳定赚取利润的目标。学习会让你发现股票价格运动的真谛，每当你进行交易时，将有足够优秀的既定规则让你利用。你既不会满怀希望，也不会感到害怕，你只是在依据市势进行交易而已。

只有那些始终如一地严格遵循交易规则的人才能长期稳定获利。投资者必须亲自实践和检验江恩交易规则，然后将它运用到你的所有交易中。只有当交易规则发出买入或卖出信号后才能进行买卖。在交易规则显示趋势将发生变化前，不要结束交易或者获利了结。如果你能始终如一地依据江恩交易规则进行交易，那么必将在股市交易中获得收益。

江恩交易规则简单、具体、实用。不过度交易、设置止损以及单只股票交易额不超过总资金10%的交易原则，使得投资者能保住本金。有本金才能有钱挣，这也和巴菲特的投资原则极其相似。忽略止损无异于开车不系安全带，不出事则已，一出事就要命。满仓一只股票，一旦被套就会损失巨大，这是散户最容易犯的错误。

投资者在进行交易前，要做好下列准备：①淡定；②客观判定趋势；③犯了错误从容砍仓，保持平常心；④确定止损位，合理分配仓位。最重要的是，要有足够的耐心！

第三节　投资者遭受损失的主要原因

江恩认为，投资者遭受损失的主要原因有三：①在有限的资本上过度买卖，随意摊薄成本；②买入持仓未设止损，没有控制损失；③缺乏市场知识，这是在市场买卖中亏损最主要的原因。在投机市场上，不要渴望发生一些不可能发生的事情。

一、在有限资本上过度买卖

江恩指出，过度交易造成的损失要比其他原因造成的损失多得多。一般人不懂得资金、仓位管理，往往单独买入一只股票并在亏损后，不断地随意加仓摊薄成本，直到全部套牢躺平。更为严重的是，在使用融资杠杆时，不懂得控制融资比例，亏损后依然不断摊薄成本，最后被迫平仓。过度交易一只股票不仅容易造成重大损失，而且还可能因此错失更多的获利机会。所以，过度交易一只股票是交易的大忌。

1. 产生过度交易的原因

无知者无畏，过度交易主要是投资者对市场认知不够产生的。很多投资者将投资看成一件简单容易的事，根本不了解股票市场的复杂性与不确定性（风险），尤其是那些在自己原来领域取得点小成绩的人。自认为比别人聪明，盲目过度自信，结果是错了也不停下来仔细思考一下，一错再错直到亏完本金。

投资交易是对抗人性的，正常情况下，人的情绪80%都处于理智状态下，唯独在交易时，绝大多数人处于不理智状态，即使是经过专业训练的投资者也不例外。例如，投资者在分析市场上各类信息时，大多数人选择相信与自己固有信念相同或相近的信息，而忽略那些不支持自己信念的信息，这种先入为主的选择本身就不客观，不过这就是人性的一面。克服人性弱点的唯一办法是通过学习，不断增强自己对投资市场的认知，这也是为什么本书开篇就强调市场认知重要性的原因。

股票投资都是从投机开始做起的，投机不确定性很大，一定要坚持小量、试探性建仓。特别是在：①行情处于长期下降趋势中；②经过长期上涨处于顶部振荡阶段，更不能过度交易。可能你只是为了博取3~5个点的收益，结果却因此被套，随后又不断加仓，从而引发重大损失。对下跌途中或经过大幅上涨的股票，一定要保持冷静，避免仅凭自己的臆想进行交易，或因过度自信引发过度交易。请记住，务必在进行交易之前就判定自己所能承担的损失额度，并利用规则加以控制。

2. 控制单次交易的本金额度

想要在投机或投资中获得成功，必须知道交易所需的启动资金，以及保持继续交易需要多少资金。江恩认为，为安全起见，应遵循这样一条原则：单次交易金额不应大于总资金的10%。也就是说，如果总资金是20万元，每一笔交易的最大金额不应大于2万元。请遵守这条原则，不要冒险将10%以上的本金投入到一次交易中，否则的话，如果发生接二连三的损失，你就没有能力继续战斗下去。股票投资收益是风险与胜率的比率，是每次亏损额与每次盈利额的比率，不是源于一次性收益。

3. 建立完整的交易系统

要重视仓位管理，不管你懂技术还是不懂技术，仓位管理都是投资中非常重要的问题。无论任何时候，都要留有总资金的20%作为备用金，不满仓操作是交易的基本原则。在股市中，大多数操作者搞不清楚买点、卖点、止损点之间的逻辑关系，更不知道止损点设在什么位置，出现亏损后，只要有钱就补仓，时时刻刻都处于满仓的被动局面。

仓位控制在期货交易中更是首要问题，是决定能否在市场持久生存下去的根本。期货属于高风险投机交易，关键在于把握短期机会，这个机会是通过多次试错得来的。盈利是试错成本与成功盈利金额之差，也就是说，1次盈利金额最起码是3到5次试错成本的2倍以上，你的交易方法才能被认为是确定的盈利模式。仓位控制方法理论上是一致的，但在实际交易中，由于个人操作习惯和性格不同，具体的控制方法也不同。

例如，当价格进入30分钟混沌区域上、下轨附近，笔者就会去1分钟K线图上寻找已经进入衰竭状态的第3个或第4个次高点（低点）建立三成试探性仓位，之后以前高点（低点）为止损点，用一成仓位在1分钟K线图上做超短线波段操作，同时等待趋势的进一步发展。如果趋势朝持仓方向相反的方向突破，触发止损，则卖出观望；如趋势朝着有利的方向发展，突破5分钟级别趋势线，则寻找加仓点，增加三成仓位，就这样逐步升级仓位或平仓出局观望。笔者将期货仓位分为三份：试探性仓位、盈利仓位、追击性仓位，三种仓位各占1/3份额。

理论是实践的精华，必须反复研究。道氏理论、初始波理论和波浪理论是趋势、空间及形态结构分析的重要理论，交易方法是以理论为基础，在长期实践中提炼出来的。如果你不能真正理解这三个理论或根本不了解，可以肯定地说，你是不可能在市场中获得稳定收益的。理论是实践的精华，必须经过反复学习和研究才能得其要领，才真正有能力应对市场的变化。

经过理论与实践的不断学习，最终交易者能否实现稳定收益，还要看交易者是否能够找到一个适合自己的交易系统，并能够在长期的交易中不断分析、测试和完善这个交易系统。为了使交易系统更为简洁、高效，必须制订一系列筛选标准，只有这样，才能逐步达到化繁为简、取其精华之目的。这不亚于科学家研究一项科研项目，这也是一项长期的需要付出艰苦卓绝努力的事情。很多人亏损，就是因为他们认为证券交易挣钱简单、容易。总体来说，一个成功的交易者必须打造出一个属于自己的简单、高效和稳定的交易系统。

二、买入持仓未设止损

不论是股市还是期货市场，止损的重要意义只有少数人才能"彻悟"，所以，也只有少数人才能在市场中赚钱。止损就像一把锋利的刀，它能使你鲜血淋漓，但也能使你不伤元气地生活下去。它可以阻止你扩大亏损，化被动为主动，不断地战斗下去，也可以保护你已经取得的利益。在资本市场上生存，需要耐心和信心，不要侥幸获取利润。不懂得止损的投资者就输在侥幸上，侥幸是亏损的天敌。止损是投资的基本功，是交易者走向成功的保证。

没有什么交易规则比及时止损更重要，止损对任何一个投资者来说都是一个必须面对的问题。从人性上讲，止损与人的天性是背离的，这也是大多数投资者一旦亏损就一味持仓等待反弹的原因。更糟糕的是，很多投资者过早地卖掉上升通道的股票，去补仓正处于下跌趋势的亏损股，同时祈祷市场能发生奇迹。

为了克服"割肉"带来的心理压力，专业的投资者都是在交易之前就决定什么时候要止损。事先设置止损的方法很多，其中，固定模型和画线是技术分析者较好的设置止损的工具。

在股票市场取胜的秘诀是，当你错了的时候，你要知道错了，并尽可能以最小的代价改正，也就是及时止损。换句话说，为了整体获得收益，你必须明确当某一笔交易出现亏损，触发止损点，就应毫不犹豫地结束这笔交易，卖掉股票止损；当某一笔交易出现盈利时，说明你做对了方向，你就应保持足够的耐心，等待卖出信号出现再兑现你的收益。为了防止盈利回撤过大或化为乌有，可以将止盈位置不断上移，以达到保护浮盈利润的目的，这样你就能放松心情，让利润奔跑。

1. 止损概念

江恩非常重视止损，认为不设立止损是交易失败的三大原因之一。由于对资本市场的理解和认识不同，投资者进入资本市场获利的成功率也是不一样的。优秀的职业交易者也无法保证70%以上的成功率。分析水平高低的区别只是成功率大小的问题，而交易不设止损则是事关生死的原则问题，如果不设置止损，很有可能因为一次失败的交易就丧失继续战斗的资格。所以，止损不仅是保护投资者的一个风险控制措施，更是交易者的看家宝。

止损是用于保护已获得的利润和防止亏损进一步扩大的措施。入场交易的同时，就必须考虑如何设定止损。之所以有人认为"我已经无法止损"，是因为入场前根本没有仔细分析跌破哪个点位会改变上升趋势，从根本上说就是没有设置止损点的意识。保护盈利同保护资金一样重要，既然在一次交易中获利，就不能让它化为乌有，不能将盈利变成亏损。要永远使用止损，截断亏损，让利润奔跑。进入市场后，不可取消止损单。

2. 止损是投资的基本功

世界上最伟大的交易员有一个有用且简单的交易法则——鳄鱼法则。所有成功的投资者在进入市场之前，都要反复训练，加深对这一原则的理解。

鳄鱼法则源于鳄鱼的吞噬方式：猎物越试图挣扎，鳄鱼的收获就越多。假定鳄鱼咬住你的脚，如果你试图用手臂挣脱你的脚，则它会同时咬你的脚与手臂，你越挣扎，就陷得越深。所以，万一鳄鱼咬住你的脚，务必记住：你唯一的生存机会便是牺牲一只脚。鳄鱼法则告诉我们，当你知道自己犯错误时，应该立即出场，不可再找借口，或对市场有所期待，果断离场观望是最明智的选择。

3. 止损是投资获利的保证

没有设置止损来保护你的交易，往往会导致你两手空空。被套与获利是交易中两件最普通的事。对于一个成熟的交易者来讲，在进入市场之前，就必须明确价格跌破哪个点位趋势会发生变化，并且在交易之前就将该点设置为止损点。止损点与操作计划是同时制订的，例如，当买入条件成立，买入建仓，止损点设为前两个交易日的最低点，这就是江恩的3日线止损法，操作起来很简单。在进入市场后，一旦价格没有按预期的趋势发展，而是朝相反的方向发展，自己的头寸处于亏损状态，已达到事先设置的止损位时，应立即执行止损操作。

交易者盈利时，也要设置止盈保护，避免账面利润过分损失。失败的交易者一般都没有止盈保护机制，或没有正确地使用止盈保护机制。实际上，止损、止盈保护贯穿投资的全过程，发现各种入场信号时，都会遇到这个问题。止损是整个交易不可或缺的一部分，所以，在你没有确立止损位置之前，请不要入场交易。

4. 以平常心看待止损

在资本市场中，散户犯错误的概率占80%以上，就是职业投资者犯错误的概率也在60%以上，所以，一定要以平常心态看待止损。犯错误是正常的，止损仅仅是投资过程中的一个技术手段，是投资风险管理的一种措施，是资金管理技术的一个部分。止损是正常的、正确的"止错"手段，但止损结果并非一定正确。有时你按照你的原则执行止损操作，但结果很可能与预期相反。这句话有两层含义：一是操作思路上、原则上止损没有任何错误，但是任何事情的执行结果都是有概率的，不可能百分之百准确；二是止损原则的确立也需要不断地完善，不同的情况要有不同的应对原则。所以，止损本身是正常的操作，无论结果如何，触及止损位都是必须要做的动作。

止损原则通常进场之前就应设定，一旦市场走势触发止损，就必须果断执行。你的止损设置是否科学、合理，可以暂且不论，坚决、果断地执行止损是当下最为紧要的操作。交易时万万不可在止损的紧要关头抱有侥幸和幻想心理。执行止损时应该果断，考虑过多往往会错过止损时机，消磨止损决心，产生主观性错误决定。真正的止损实际上是执行一种客观的决策，因为设置止损点是交易之前就明确的，发出止损信号是市场走势触发的，是面对客观走势的一种正确反应。所以，坚定执行止损是不会错的。切记：在止损平仓后，切忌马上进行买入交易。止损之后，要经过一段时间的仔细分析和追踪观察再做决定。敢于认错是投资者最重要的品格。

成功止损可以使交易者避免更大的损失，保护已经取得的成果。想成为一名成功的投资者，必须将止损看得透彻。无论止损是否达到预期的效果，先执行止损计划是最重要的，事后你有充足的时间去分析和考虑下一步应该如何做。记住，止损后，要调整好自己的心态，才能进行下一步交易。每一次止损，结果绝非一定与预期相同，但建立完善的止损机制和止损手段永远是正确的。为了最终能获得胜利，一定要在止损计划完成后，再次制订更加完善、科学的交易计划。

提高止损的成功率，主要依赖入场时机的选择。之所以触发止损，绝大多数原因是入场时机不当，或是在一个无趋势的市场中交易，还有就是止损点设置得不合理。作为一项保护性的防范措施，投资者判断市场趋势的能力直接影响止损的频率。大家都知道，壁虎在面临生命威胁时，会自断尾巴以求生，许多自然界中的生物都具备这种令人敬佩的求生本能。在市场中，不怕死的壮士俯拾即是，但拥有壁虎精神、肯止损认错的人，却是市场中的稀有者。

大多数市场参与者虽然有止损常识，但往往爱沉醉于账面的获利，对"潜在的巨大风险"视若无睹，不善于使用利润保护止损单。这里讲的止损概念，实际表达了两个含义：一是入场止损单；二是利润保护止损单。对于止损，大家在理解上不要片面，后边在分析实际案例时，还会讲解保护性止损单的具体使用方法。

5. 制订止损计划的关键

制订正确的止损计划，需要很多投资知识和投资技巧，而执行止损计划则需要断臂求生之勇气，两者缺一不可。投资者需要学习和思考投资过程中最基本的三个问题：①趋势；②目标；③方法。你需要把本书所有的内容都研究透，投资类图书不是看一两遍就可以融会贯通的，即使你再聪明，也要学习、实践，再学习、再实践，反复总结成功与失败的经验，才能取得进步。那些爱耍小聪明，看了几个技术指标，会画几条线就觉得自己啥都懂的人，一定会被市场教训。投资犹如修行，只有对市场有了深刻的理解和认识之后，才有进入更高境界的机会。至于你能在投资领域达到什么境地，还得看你修行的功力，投资之路就是这样。

投资者交易之初一定要先拿一小部分资金在市场中尝试，等到具备足够的知识和能力再加大投资力度。市场机会总是留给那些有准备的人的，盲目入市结果只有两个字——亏损。

三、缺乏市场知识

江恩认为，缺乏市场知识是投资者在市场中遭受损失的最主要原因。江恩讲过，股票投资与其他行业一样，90%的成功都是用"汗水"换来的。爱迪生也曾说过，成功是10%的灵感加上90%的汗水。投资交易，无论是长线投资还是短线投机博取利差，都不能盲目地去赌。

江恩强调，交易是知识才能带来财富的游戏，在开始投机交易之前，一定要精心制订一份计划，然后按计划去执行。建筑师建造房子，工程师建筑桥梁，都是如此。投资者在交易之前，必须对下面的内容有所了解，并在今后的投资生涯中不断学习和补充自己的投资知识。

1. 市场认知

市场价格走势属于客观范畴，变化是无常的。与资本投资收益相关的主要是投资人对资本市场的认知程度。认知市场与认知自然一样，其最高境界就是老子讲的"常无欲，以观其妙；常有欲，以观其徼"。这句话的意思是说，对市场应保持虚无状态，观察其玄妙的本质；对市场保持现实理性状态，仔细观察其走势的表面现象，站在万物本源的角度思考万事万物，洞悉万事万物运行的规律与法则，进而在知觉和行动上才能达到知行合一的无为境界。

对影响市场价格走势因素的认知：价格走势是一种大众行为，属于客观现象，影响价格走势的外因与内因共有八个，即趋势、时空、形态、成交量、企业估值、主力筹码、主力策略、大众情绪。其中前四个因素是价格走势的外因，技术分析是透过外因去分析价格运动背后主力资金的意图。后四个因素是影响主力行为的内因，最重要的是企业估值，其次是主力的持筹量。主力的操作策略是由企业估值和手中筹码量决定的。当估值与持筹量都具备启动行情的条件，主力就会利用消息或一些技术手段引导并利用市场投资大众的情绪，完成与大众筹码的交换而获利。也就是说，在低位将筹码从大众手中骗出，在高位利用上市公司的诸多利好将筹码再卖给市场大众。因此，投资者必须对这一过程有深刻的认知。

价格走势之所以存在诸多不确定性，就是因为影响价格走势的因素太多。想成为一名成功的投资者，就必须对影响价格走势的内因与外因有深刻的认知，学会透过现象看本质。内在思想决定外在人生，获取的财富一定是你认知范围内的回报。

2. 领会国家产业政策和货币政策

作为一名普通的投资者，若想在资本市场中获得成功，最起码要能读懂、领会国家的产业政策和货币政策，这就需要具备一些相关知识，有一些常识性的货币政策知识，这些知识都需要长时间学习和积累。另外，每天你还必须关注与资本市场相关的新闻，关注自选股或持仓股中个股的新闻及公告，比如：①货币市场本外币汇率变化；②统计数据，包括宏观经济数据、投资标的行业数据等；③投资标的公司公告及新闻。

投资者要了解这个世界发生了或可能发生什么，能够判断这些事件是否存在"危机"，对当下环境有一个清醒的认识。普通投资者对新闻的敏感性差，即便周边出现了危机征兆，也表现得无动于衷，不能做到积极地探寻这些征兆背后的含意。一个成功的投资者一定要对这个世界的运行机制以及由此导致的所有表象随时保持敏感与清晰的理解，不要以为投资非常简单，其实这是一件非常辛苦和不容易的事。

比如，2020年以来波及全球的新冠疫情对经济发展带来了冲击，投资者必须密切关注市场对疫情发展的反应。还有一点，对周边发生危机的征兆，一定要保持客观独立的思考，切忌人云亦云。否则当事件发生的时候，你只会跟随市场大众而动，一旦出现危机，就会不知所措。

资本市场有一个铁律——不熟不做！投资只选择自己熟悉的领域，做自己最擅长的事。不妨这样想问题：假设在你漫长的人生中，最多只有20次投资机会，你会怎么做？你一定会对你的潜在投资标的无比谨慎，无比专注。如果找不到什么合适的投资机会，待在自己熟悉的世界里什么都不做，也比跳进你不熟悉的世界瞎折腾强，至少不会血本无归。

事实上，这正是投资大师的做法。当对投资标的无法理解的时候，他们会选择"按兵不动"或远离市场，耐心地等待一个能真正说服自己的投资标的出现。一旦发现猎物，便会密切地追踪，直到确信万无一失才会冲进去。有一本书叫《华尔街之狼》，相当于卡尔·伊坎的传记，读后让人获益匪浅。在以卡尔·伊坎为代表的猎食者的眼中，股市就像非洲大草原，而自己则是草原上的狮子。猎食者通过不断观察领地周围的环境，寻找可以捕食的猎物，然后等待合适的时机，一击必杀。这里大家一定要注意"领地"的重要性。一旦把真金白银砸进去，你只需做一件事——静静地等待投资标的升值，除了等待还是等待。之所以有这份耐心，是因为你有充分的信心，明确知道投资标的未来的升值空间以及大致的兑现时间。

只要是自己熟悉的领域，无论发生任何变化，忽好还是忽坏，投资者都能理解并能泰然处之。反之亦然，听从他人的建议（无论对与错），自己完全没过脑子，对所投资的公司一无所知，一旦企业出现状况，进入危机，投资者就会左右失措。

投资界最经典的教训之一：当身边所有人均投资失败的时候，只要你投资的是一个自己熟知的事物，在大多数情况下，你的投资标的最终都能升值，而且是大幅升值。

3. 懂得成长股与价值股的关系

成长为矛，价值为盾。在资本市场中，成长股与价值股是相互转换的。市场环境好的时候偏成长，市场环境差的时候则偏价值，成长风格和价值风格是随着市场风险偏好转换的。例如，行情好的时候，成长股会成为市场的宠儿；市场进入调整后，在释放风险的过程中，价值股又成了大家首选的投资对象。

价格走势经常是强者恒强，顺应趋势是投资者最好的应对方法。价格不会永远上涨，因此，判断市场什么时候发生强弱变化，就成了投资者关注的焦点。一般机构投资者重点关注的是行业产业链利益分配的变化和影响企业主次要因素的转换，次要矛盾变成核心矛盾，就要重新换个角度审视一下，看一看未来可能发展的方向。但是，个人投资者是没有这个能力的，只能通过市场股价运行趋势来判断企业的兴衰成败。

技术派从市场行为视角去看问题的本质，认为价格走在前面。能够改变价格趋势的肯定是行业或个股的投资主力，每当资本市场进入调整期，都是市场大小主力机构对企业及行业进行再评估的过程。普通投资者要做的就是在一旁等待观察，等待主力博弈进入衰竭状态，再寻机分批分阶段介入市场公认的主流投资行业及个股。跟随趋势运动方向进行投资，是普通投资者唯一可行的投资方法。

4. 熟知市场大众情绪

市场大众情绪是投资者分析价格走势的一个重要因素。分析市场大众情绪，是普通投资者摆脱情绪、意念对操作与交易影响的关键。价格运动是多空双方博弈的过程，内部充满了诱惑和骗局。如果普通投资者对股票价格的运动过程没有一个基本的认知，无论个股基本面多好，也是把握不住的。因此，必须熟知市场趋势形成过程中的大众心理变化。

经验告诉我们，趋势一旦形成，在大部分时间是一边倒的。开始股价处于混沌时期，上涨趋势不明显，上涨时会遇到不同的阻力区，遇到阻力价格很快会回落，回落遇到不同的支撑位会止跌。在混沌区域范围内，小的价格波动纯粹属于噪声，难以预测，从中只能获得一点小利。一旦价格突破重要阻力区，就会坚决地往上走。

趋势刚开始的时候，大多数人把它看成一次新的随机运动，认为价格很快就会回调回来，许多人慌忙兑现所获之利。价格回落，新的买主开始加入，经过一段时间的多空博弈，价格重拾升势。市场行情已经变了，那些刚刚卖出的人开始后悔，希望价格回落，重新进入多头行列。

一个趋势开始形成时，往往会持续很长时间，超出任何人的想象。大多数人搭了一程车后，心满意足地退出观望，然后行情还会一直延续下去，简直让人难以置信。最后行情发展成群众性运动，大的趋势可能持续一两年乃至更长。行情中间偶尔被打断，也是短暂的。这种情况在市场中可能并不少，但是被发现的情况并不多，能坚持跟随走完趋势的更少。经验告诉我们，把握趋势是挣大钱的机会，发现并拥有它是你一生的机会。

交易者只有懂得大多数交易者在想什么，才能判断自己的想法是否趋同，是否客观，是否正确。交易者的心理情绪对交易至关重要，只有滤去心中的噪声，才能坚持初心，跟随主力走向价格巅峰。

5. 用技术手段评估价值区域

2021年2月18日五粮液创出高点351.59元后，展开大级别调整，2022年4月1日创出低点146.09元。这里应用波浪理论和空间结构理论，分析一下五粮液这波调整目标的价值区。

首先，在季度K线上，用波浪理论分析一下这波大级别调整的浪级。五粮液自上市以来，原始最低点为-13.49元，季线级别1浪高点为35.89元，季线级别2浪调整低点为-3.91元，季线级别3浪高点为351.59元，由此判断当下这波调整是季线级别4浪。3浪走出超级浪，理论上4浪回调位置应该在50%～61.2%区域，50%为351.59－［351.59－（-3.91）］×0.5=135.50元，同理，61.2%为173.84元，即135.50～173.84元。实际上，2022年4月1日的回调低点为146.09元，与理论计算区间基本一致，不足的地方是C浪调整结构是三波，理论上C浪调整结构应是五波结构。

如图5-4所示，切换到五粮液周K线图，应用空间结构理论分析一下C浪调整的空间结构。B浪反弹幅度为96.23元，由此计算C浪100%的调整目标是224.40-96.23=128.17元。用同样的方法，以2浪和4浪的反弹幅度计算一下C浪调整的空间结构，分别是124.43元和126.13元，这就是所谓的价格与价格产生共振。

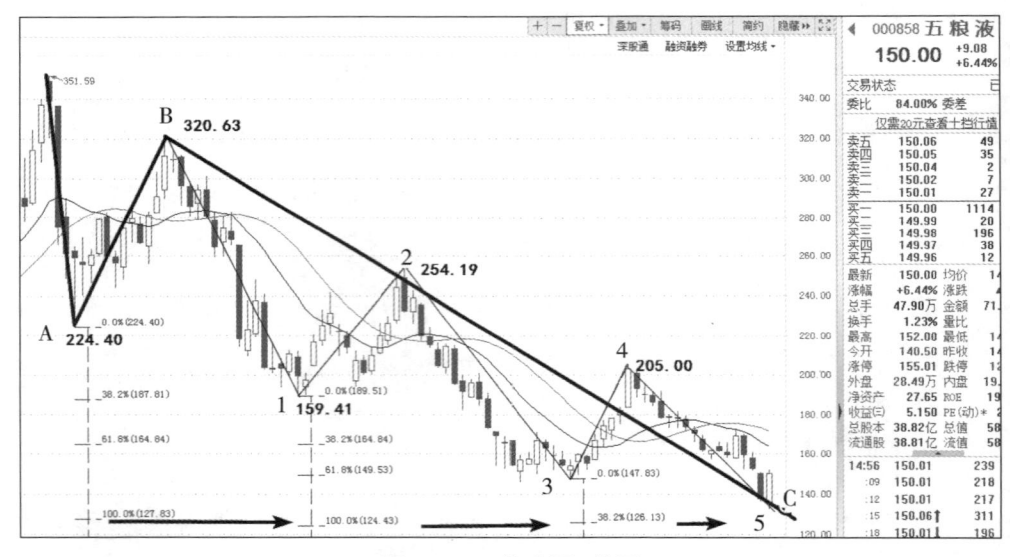

图5-4　五粮液周K线图

再回到日线图上，用日线结构计算一下C浪调整的空间结构。2022年9月5日低点为157.07元；9月28日高点为172.54元，反弹幅度为15.47元。C浪调整空间结构=157.07-15.47×（1.00～1.618），即132.04～141.60元。实际上，2022年10月31日最低点为132.33元，这不是巧合！这又是一次大周期空间结构与小周期空间结构产生共振的结果。

价格走到这个位置，从形态结构上就完成了五波调整结构。也就是说，当下在一个非常小的区域内，空间结构与形态结构产生共振。实际上，将分析周期转到30分钟级别，会发现价格已经突破30分钟级别下跌压力线，出现右侧交易机会。

6. 建立自己的投资策略

（1）知人者智，知己者明。

投资过程是个心理过程，一个成功的投资者必须了解，在价格从底部拉升到头部的过程中，投资者的心态及想法会因为不同价位、不同仓位而不同，所以要懂一点价格心理学。知人者智，知己者明，投资如同打仗，知己知彼才能百战不殆。研究这个心理过程，可以避免被大多数投资者或自己的错误感觉和臆想所误导，有助于理解自己对市场的反应，并基于对基本面的把握，运用技术分析等工具，制订出有效的投资策略。要实事求是地分析自己所犯的错误，防止牵强附会或被自己的偏好所左右。另外，在投资过程中，对大众投资心理的分析，要贯穿到整个技术分析之中。

做投资学点价格心理学是非常必要的，既要了解自己，也要了解市场，这样才能做出正确的预期和规划，才能找到最适合自己的操作方式和操作规则。适合自己的就是最好的，这话同样适合于炒股。

另外，炒股也要懂点哲学，懂得取舍，懂得抓大放小，懂得知白守黑。这里简单解释一下，一波新的行情诞生之际，也就是前一波趋势死亡之时。行情将死之时，也要蹬一下腿。别轻视这一蹬腿（黄金坑），它也是要伤人的，有时市场还不是蹬一下两下！总的来说，不能轻易抄底，但也不要强求非要买到最低，要懂得取舍，放弃不确定的小利。现在大多人提倡右侧交易，提倡突破趋势后入场，只吃"鱼身"，就是这一思想的体现。

知白守黑是中国古老的哲学智慧，懂得这一点也非常重要。炒股如同下棋，当局者迷，旁观者清。以旁观者的姿态，与变幻莫测的股市保持适当的距离，反而能更准确地把握它。进入股市就两种结果，一是赚钱，二是赔钱。利益之争导致市场充满骗局，天天泡在市场里，大多数人看到的市场都是不真的，这是事实。懂得知白守黑，学会旁观股市，才能做出客观决策，才能理性操作。

最后一点就是要识大局，从大的趋势着眼，从小的趋势入手。格局大了，心自然也就平了，做起来也就顺了。

（2）要有自己的投资策略。

什么是自己的投资策略？很简单，就是一个可以帮助你在股市中做出决策的方针、计划。例如，所有的投资大师都有理由确信某一只股票是要往上走还是往下走，这些理由就组成了他们的投资策略，他们在股市中做出的每一个决策都基于这一策略。

投资策略之所以重要，是因为它可以帮助投资者找到质地上乘的股票。市场中许多人都愿意听取别人的投资建议或所谓的投资技巧，有的甚至仅凭APP上的一条消息就去买入。不愿思考，喜欢不劳而获，不注意建立自己的投资策略及方法，用自己辛辛苦苦挣的钱，随随便便听别人的建议买入一只股票，你能放心吗？

一定要记住，要谨慎对待投资。靠投机取巧不劳而获，运气好的时候能获点小利，运气不好的时候，可能会将你几年甚至十几年挣的钱都赔个精光。

第六章
江恩12条买卖规则详解

在江恩的投资生涯中，交易成功率高达88%。人们惊叹江恩几乎每次都能判断正确。江恩之所以有这么高的胜率，除了有一套好的分析和交易方法外，离不开他为自己制订的一套规则，用规则不断规避自己在交易中的错误以及交易方法本身的缺陷。

江恩留给后人的最大财富是他的思维模式和分析逻辑。他坚信宇宙万物都遵循自然规则运动，而规则本身是由复杂的内部因素与外部因素集合而成的。价格走势本身则是市场多空双方博弈的结果。江恩认为，股票投机是一项技巧性很强的职业，他可以提供一种安全而又稳妥的方法，只要保守经营，不把投机当作疯狂的赌博，就能稳定获利。

江恩的《华尔街四十五年》一书，总结了江恩45年来的投资经验。江恩将投资经验总结成著名的12条买卖规则和24条黄金法则。12条买卖规则主要是江恩判断市势及周期的方法；24条黄金法则是做交易的必守戒律，可避免重大损失。在之前的著作中江恩主要讲了时间与空间的分析方法，而在12条买卖规则中江恩强调了趋势、形态、成交量的分析方法和实用法则，充分体现了江恩对价格走势分析的全面性，他强调时间、价格、成交量是一体的，没有成交量支持的价格上升趋势是脆弱的，判断趋势转折，必须综合考虑所有外部因素变化的影响，最后依据一致性原则做出结论，这样才更加可靠。12条买卖规则与江恩判断市势的方法同属于技术分析范畴，同等重要，是江恩判断市势方法的重要组成部分。

第1条买卖规则：决定趋势

学习江恩理论需注意两个方面：一是从江恩的宗教思想和宇宙自然运转法则上去理解江恩理论；二是从影响价格走势的内因与外因多角度综合研判价格走势。内因是本质，外因是现象，技术分析就是通过外部现象分析价格变化背后的本质，从而判断价格趋势的方向。学习中，在理解江恩原著基本思想的基础上，最主要的是吸收江恩理论的精髓，用现代的技术分析理论补充发展江恩理论，给出适合当今市场尤其是中国证券市场的技术分析方法。

江恩12条买卖规则的第1条买卖规则——决定趋势，江恩给出了3日高低线买卖交易规则，并通过应用9点平均波动图来监控后市趋势的走向。这在第五章第一节中已经详细论述，这里不再重复。

江恩强调的是从时间、价格两方面监控趋势，寻找二者共振区域，以便更确切地判断趋势方向。

一、多空分界法结合3日高低线判断趋势转折

江恩从时间、价格两个方面判断趋势转折，可以说是一个非常好的分析方法。如果将江恩这种分析方法与道氏理论关于趋势的判断方法相结合，其分析结果将更加可靠，这就是第三章第五节介绍的"多空分界法"。

实例1　海优新材

2021年3月25日海优新材创出102.95元新低，4月8日创出第一波反弹高点123.34元。以这个数据为基础画出价格坐标，使用画图工具，选取黄金分割工具，将画笔起点放在102.95元处向上拖拉，将黄金分割比率中的

0.236位置拉到123.34元位置，点击鼠标完成画线。正常情况下，斐波那契数列0.618、1.000、1.618、2.000、2.382和2.618比率位置都是比较重要的阻力位与支撑位。取步长等于30，画出日K线图的时间之窗，如图6-1所示。

画出价格坐标与时间坐标之后，重点关注价格坐标与时间坐标的交会区域。如果价格在交会区域发生振荡，就将观察窗口转到15分钟K线图上，观察价格是否跌破短期上升趋势线。如果价格跌破短期上升趋势线且反弹无力，则逢高卖出。

图6-1中，价格到达200%位置后出现高位振荡，当临近90时间之窗时，8月2日股价在前高点附近放量下跌，8月3日继续下跌，盘中价格跌破江恩3日高低线，跌破15分钟上升趋势线，发出明确的卖出信号，应果断卖出离场。价格经过一段时间的上涨，到达重要阻力位（161.80%～200%），调整时间与调整幅度都大于上涨过程中的任何一段调整时间和调整幅度，价格运动趋势已经超越时空平衡，跌破趋势线就是最后的卖出机会。

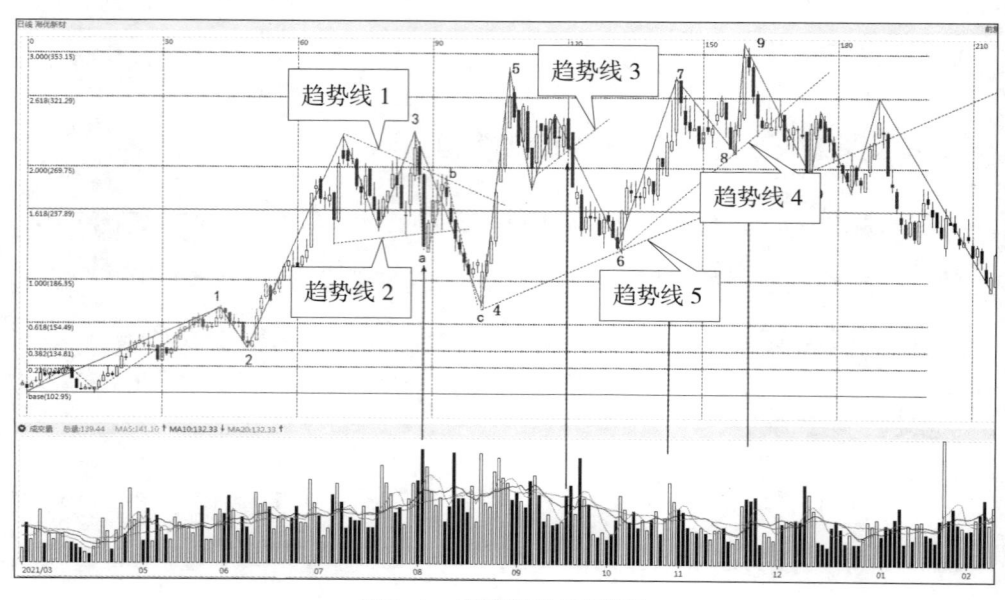

图6-1 海优新材日K线图

实例2 安靠智电

2018年10月12日安靠智电创出11.20元新低，2019年3月15日创出第一波反弹高点22.69元。以这个数据为基础画出价格坐标，使用画图工具，选取黄金分割工具，将画笔起点放在11.20元处向上拖拉，将黄金分割比率中的0.236比率拉到22.69元位置，点击鼠标，完成画线。正常情况下，斐波那契数列0.618、1.000、1.618比率位置都是比较重要的阻力位与支撑位。取步长等于23，画出周K线图的时间之窗，如图6-2所示。

图6-2中，2020年7月31日是安靠智电周线级别时间之窗T92位置，周K线图上拉出一根大阳线，股价大涨近12%，突破61.8%重要位置。之后价格产生振荡，在周线时间之窗T115位置完成3浪，随后展开调整。安靠智电周线时间之窗与价格重要的阻力在3浪、5浪位置都相当准确，尤其是5浪。

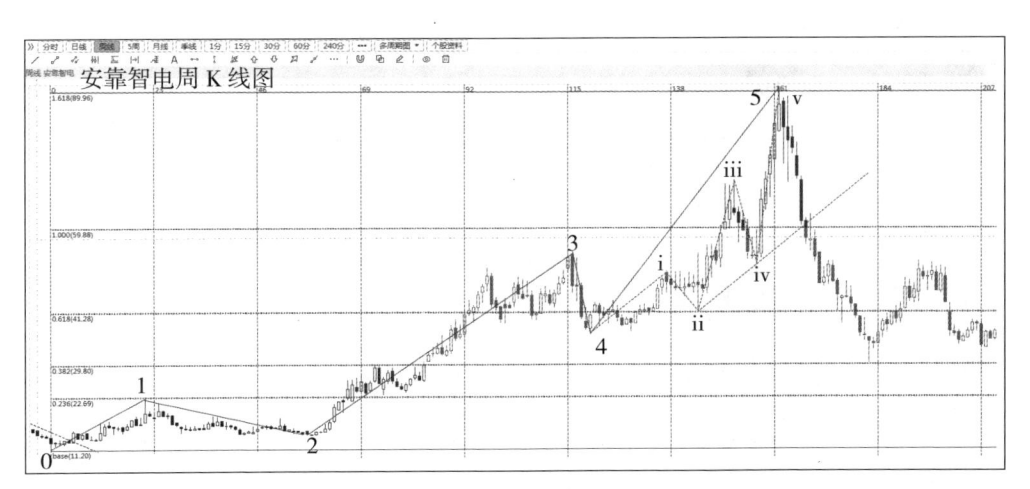

图6-2 安靠智电周K线图

因5浪之后会产生大级别调整，所以将观察级别移到日K线图上，如图6-3所示。周线时间之窗T161与价格在161.8%重要位置产生共振，出现大幅振荡调整走势，价格跌破多空线；跌破日K线图5浪v上升趋势线，b浪反弹至趋势线附近就是最好的卖出机会。

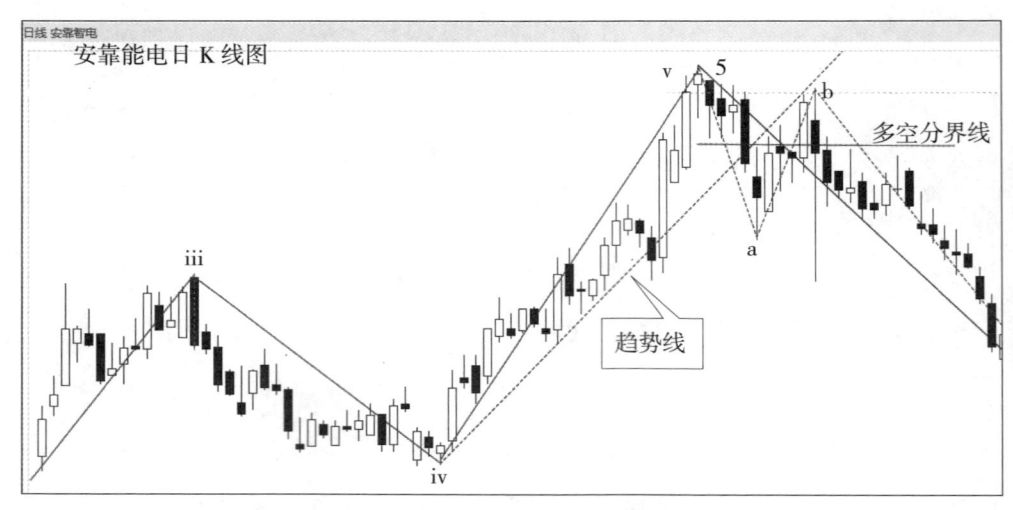

图6-3　安靠智电日K线图

江恩理论是一套完整的交易分析理论，强调的是多角度全方位分析价格走势。他在分析预测方法中给出了时间、价格的分析和预测方法。在他为自己制订的12条规则中，又重点讲了趋势、形态和成交量，用12条规则规避交易和预测方法中的不足之处，弥补交易中的缺陷，这是江恩留给后人的最大财富——技术分析的思维模式和逻辑。

二、江恩时间、价格与趋势

在技术分析中，研判趋势始终是第一位的，江恩应用他广博的天文学知识，将圆作为价格循环周期和支撑位与阻力位的分析工具，从时间与价格两个方面分析判断趋势的转折点。最典型的是江恩四方图与"轮中之轮"。

1. 价格支撑与压力位分析

江恩四方图有两个功能：①记载价格数据；②分析价格支撑与压力位。而"时间=价格，价格=时间，时间与价格超越平衡将相互转换"是江恩测市方法中最重要的思想，是分析市场转折点的依据。

前面已将四方形分析方法结合八分法和三分法转化到电脑K线上，用空间结构线（价格坐标）表达价格支撑位与压力位。价格坐标有两种：等比例坐标和自然级数坐标，详情可参见第三章。

2. 价格循环周期

"轮中之轮"同样有两个功能：①记载价格数据；②分析价格循环周期。依据"轮中之轮"制作原理，可将其转化到电脑K线图上，用循环周期线表达时间之窗，这一点前面已经讲过。应用上，循环周期线与空间结构线在K线图上结合，使得分析更简单、直观。当时间之窗与重要支撑位与压力位同时出现在一个较小的范围内，时间与价格将产生共振，价格趋势将发生转折。

3. 常用的短、中、长循环周期

（1）24小时循环：取步长为12分钟、15分钟循环周期单位，绘制短线循环周期时间之窗。

（2）1年循环周期：取步长为60分钟、120分钟循环周期单位，绘制中线循环周期时间之窗，也可以换算成日线循环周期单位，以步长30绘制中线循环周期时间之窗。

（3）3.75年循环：取步长为23循环周期单位，在周K线图上绘制长线循环周期时间之窗。

第 2 条买卖规则：在单底、双底或三底水平入市买入

江恩的这条买卖规则强调的是底部、顶部形态。江恩的总体分析逻辑是从时间、价格和形态三个方面，寻找三者的平衡点来判断趋势转折点。在测市方法中，主要讲了时间、价格两个方面。在交易规则中，强调等待底部、顶部形态最佳买入和卖出时机。当市场接近之前的底部、顶部或重要阻力水平时，根据单底、双底或三底形式入市买卖。市场前期底部是重要的支撑位，可入市吸纳。另一方面，当前上破顶部时，则阻力成为支撑，当市价回落至该顶部水平或稍低于该水平，都是重要的买入时机。反之，当市场到达前期顶部，并出现单顶、双顶以至三顶，都是卖空的时机。此外，当市价下破前期顶部，之后市价反弹回头确认前期顶部水平，都是卖空的时机。

单底或单顶也称V形反转，出现的机会不是很多，下面重点介绍一下双重底和双重顶以及三重底和三重顶的特征及买卖规则。

一、双重顶与双重底

双重顶与双重底也称为M头与W底，是市场中常见的顶部与底部形态。双重顶底一共出现两个顶或底，也就是两个相同高度的高点和低点。

下面以M头为例说明双重顶底形成的过程，如图6-4所示。

在上升趋势末期，价格在1点形成新高，之后进行正常的回调。受上升趋势线的支撑，在2点附近止跌。之后价格反弹，但反弹力量不够，上升高度不足，在3点（与1点等高）遇到压力，价格重新向下，这样就形成1和2两个顶的形态。

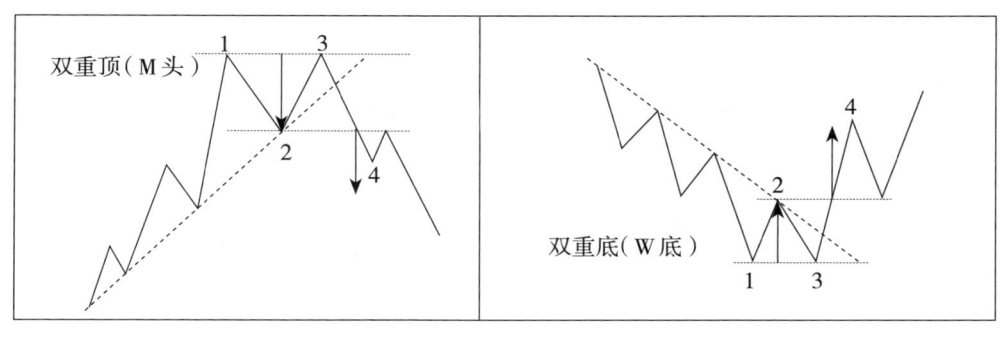

图6-4 双重顶底形成过程

M头形成以后，有两种可能的走势：一是未突破2点的支撑位置，价格在1、2、3三点构成的狭窄区域内横盘振荡；二是突破2点的支撑位置继续向下，这种情况才会真正出现双重顶反转突破形态。前一种情况只能说是出现了一个潜在的双重顶反转突破形态。

以2点作1、3点连线的平行线，这条直线称为M头的颈线。颈线与1、3点连线形成通道线，价格向下突破颈线支撑，才能确认双重顶反转形态成立，这就是在技术上支撑、压力线被突破的确认原则。另外，还要注意向下突破百分比原则和时间原则，也就是前面讲的多空分界法。

双重顶反转突破形态一旦得到确认，就可以用23段对后市调整幅度进行测算。从突破点算起，价格将至少跌到与形态高度相等的距离（100%位置），有时跌到23段×1.618的位置。

以上以双重顶为例对双重顶底形态进行了介绍，对于双重底，只要将双重顶形态反过来理解就可以了。

二、头肩顶与头肩底

如图6-5所示，头肩顶和头肩底同样是市场中常见的顶部与底部形态，是非常著名和可靠的反转突破形态。这种形态一共出现三个顶或底，也就是要出现三个局部高点和局部低点。中间的高点（低点）比另外两个都高

（低），称为头，左右两个相对较低（高）的高点（低点）称为肩，这就是头肩形名称的由来。以下以头肩顶为例进行介绍。

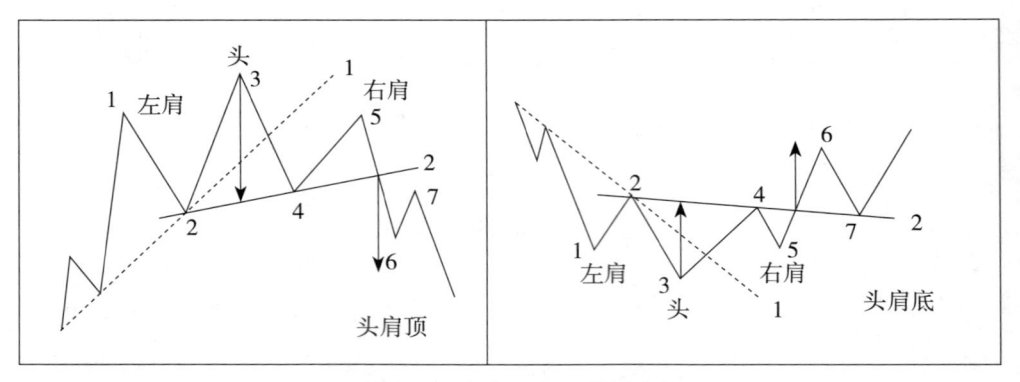

图6-5 头肩顶底形成过程

在上升趋势中，高点和低点都在不断升高，价格保持着持续上升的趋势，当价格上涨势头放缓，如图6-5中23段上涨势头放缓后，34段出现回调。在前低2点附近受到支撑后，再次向上但未能创出新高，这一点非常重要，说明这一轮上涨趋势可能已经出了问题。最后，当价格跌破2、4点连线（支撑线2），走到6点时，上涨趋势出现反转，向下调整已势不可挡。

头肩顶反转向下，最重要的是趋势线1和趋势线2的支撑力度。34段向下突破趋势线1，说明上升趋势的势头已经遇到了阻力。56段向下突破趋势线2，则说明趋势已经发生逆转。另外，5点的反弹高度没有超过3点，4点的回落高度已经低于1点，都是上升趋势出现问题的信号。趋势线2极为重要，是头肩顶形态中的颈线。价格在5点调头向下，在没有跌破趋势线2之前，只能判断原上升趋势已经出现横盘振荡，还不能确定趋势反转向下。只有当价格跌破趋势线2，走到6点，即价格向下突破了颈线，才能确定头肩顶反转形态已经形成。颈线被突破与其他趋势线被突破一样，大都有一个回头确认的过程，在这里百分比原则和时间原则都适用。

颈线被突破，趋势反转得到确认，价格开启下跌调整趋势，下跌的深度可以借助头肩顶形态的测算方法进行测算。从突破点算起，价格下跌目标至少是头到颈线高度相等的距离（100%位置），有时跌到头到颈线高度的1.618倍位置。价格实际下跌调整的位置要根据许多因素来确定，上述原则只是给出了一个大致范围，只对投资具有一定的指导作用。预计价格今后将要跌到什么位置能止住，或将要涨到什么位置才调头，永远是投资者最关心的问题，也是最不易确定的问题。

以上以头肩顶为例进行了介绍。对头肩底，除了在成交量方面与头肩顶有所区别外，其余只是方向正好相反。例如，上升改成下降，高点改成低点，支撑改成压力。

三、三重顶底形态

江恩提示投资者，要特别留意市场出现第四个底或第四个顶，这不是低吸或卖出的时机。根据江恩的经验，市场4次到顶后上破或4次到底后下破的机会十分大，如图6-6所示。在入市买卖时，投资者要谨记设定止损点，不知如何止损便不应入市。以下跌趋势为例，一般止损点设置在双重底或三重底的最低点。

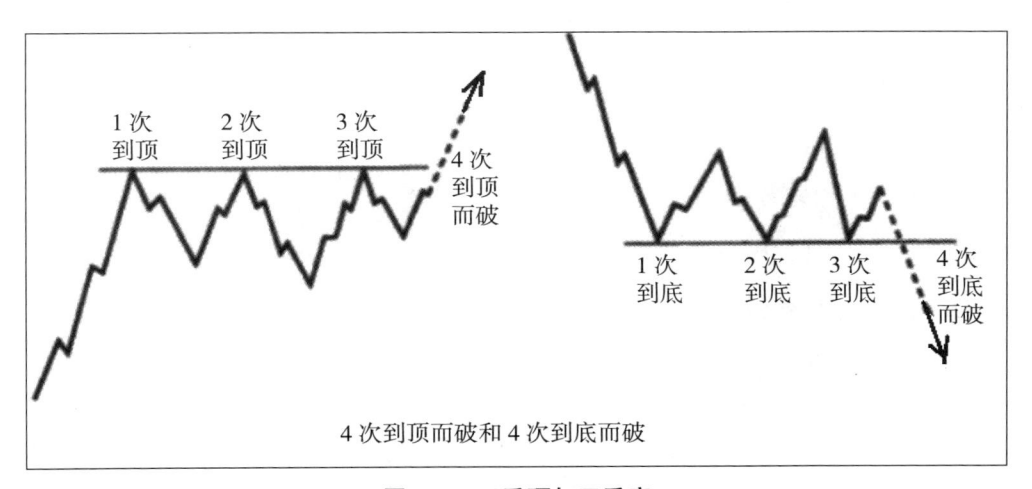

图6-6 三重顶与三重底

四、应用实例

实例1　M头形态——宁德时代

如图6-7所示，2021年12月3日宁德时代创出691.35元高点3，之后价格调整并跌破头部颈线，形成M头形态。

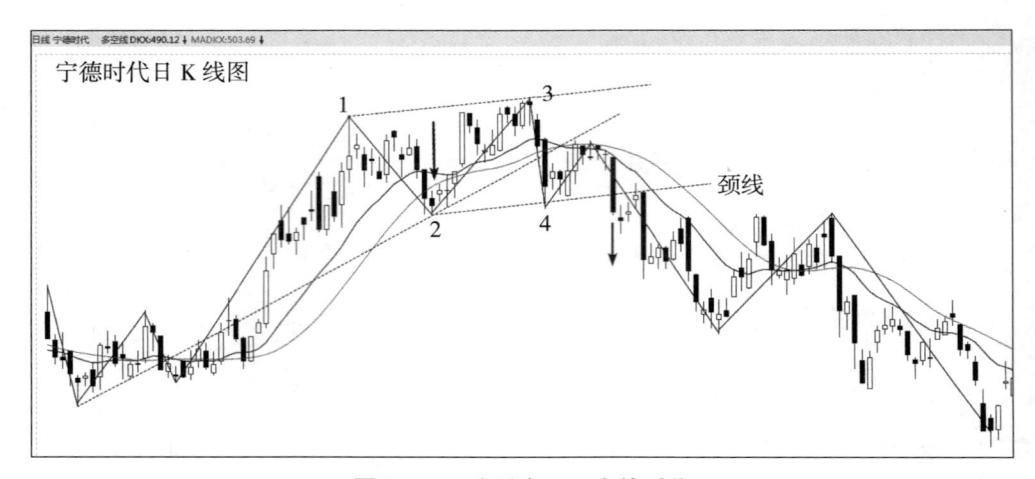

图6-7　M头形态——宁德时代

实例2　头肩顶形态——力量钻石

如图6-8所示，2022年8月15日力量钻石创出245.85元高点3，之后价格调整并跌破头部颈线，形成头肩顶形态。

头肩顶形态中的颈线（趋势线2）极为重要，价格在5点调头向下，在没有跌破趋势线2之前，只能判断原上升趋势已经出现横盘振荡，不能确定趋势反转向下。只有当价格跌破趋势线2，走到6点，即价格向下突破了颈线，才能确定头肩顶反转形态已经形成。颈线被突破与其他趋势线被突破一样，大都有一个回头确认的过程，力量钻石价格跌破颈线（趋势线2）后回头确认，在前低点4点附近遇到阻力调头向下。

颈线被突破，趋势反转得到确认，价格开启下跌调整走势，下跌的深度可以使用波浪尺测算方法测算，从突破点算起，价格下跌目标100%、161.80%、200%、261.80%位置，都是重要的参考点。价格实际的下跌调整位置要根据许多因素来确定，上述原则只是给出了一个大致范围，对投资只有一定的指导作用。

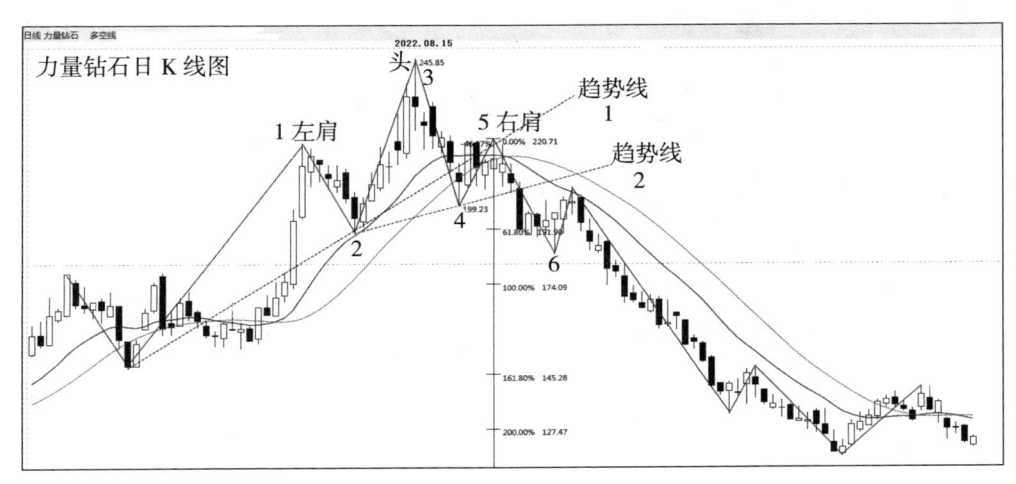

图6-8　头肩顶形态——力量钻石

第3条买卖规则：根据市场波动的百分比买卖

江恩认为，要顺应市场趋势，市场中有两种入市买入、卖出方法（见图6-9）。

（1）若市况在高位回吐50%，是一个买入点。

（2）若市况在低位上升50%，是一个沽出点。

此外，一个市场顶部或底部的百分比水平，交易中要特别留意：①3%～5%；②10%～12%；③20%～25%；④33%～37%；⑤45%～50%；⑥62%～67%；⑦72%～78%；⑧85%～87%。这些百分比水平区域，往往

成为市场的重要支撑或阻力位,其中,50%、100%以及100%的倍数关系皆为市场最重要的阻力和支撑位。

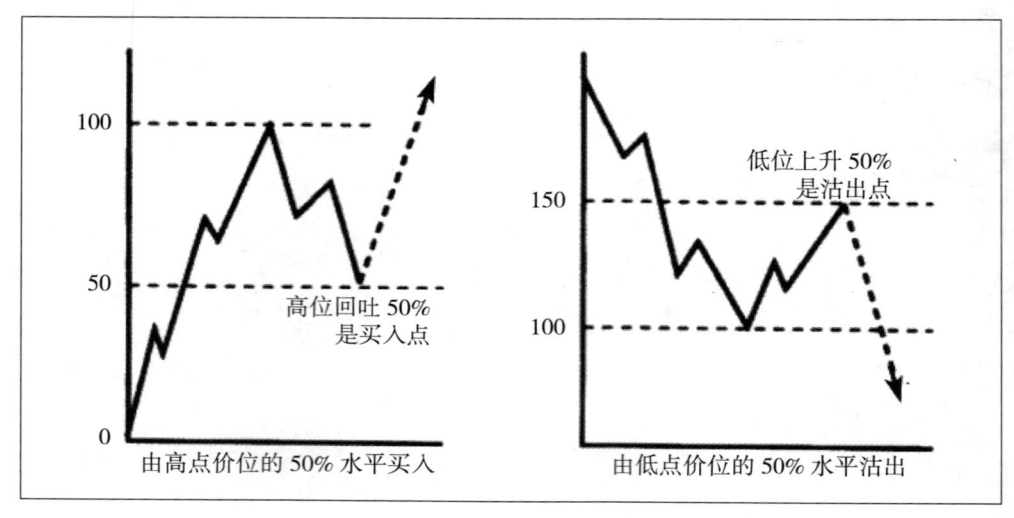

图6-9　两种买入和卖出价位

以上讲的是江恩百分比入市买入、卖出方法,是江恩对空间结构的一种简单分析。经过多年的实践与总结,在上升趋势价格空间结构分析上,笔者提出了空间结构分析理论,第三章第七节介绍的两种坐标分析法,就是空间结构分析的简单应用,现在再简述一下。

1. 江恩八分法等比例坐标

坐标制作方法:①确定阶段性低点作为坐标的分析起点;②计算分析步长,步长等于价格从分析起点开始上涨的第一波上涨幅度;③用分析起点价格+步长×n,其中n为自然数,n=1、2、3、4、5、6、7……计算出1/8、2/8、3/8、4/8、5/8、6/8、7/8……坐标位置,并在K线图上画出。

2. 自然级数坐标

自然级数坐标指以斐波那契数列0.236、0.382、0.618、1.000、1.618、

2.618、4.236、6.854……为基础制作的坐标。

坐标制作方法：①确定阶段性低点作为坐标的分析起点；②计算分析步长，步长=第一波上涨高点价格−分析起点价格；②应用画线工具中的黄金分割工具，将画笔对准分析起点向上拖拉，将黄金分割比例中的23.6%线拉到第一波上涨高点价格位置，松手即完成自然级数坐标的绘制。

以美利云为例，两种坐标对比如图6-10所示。

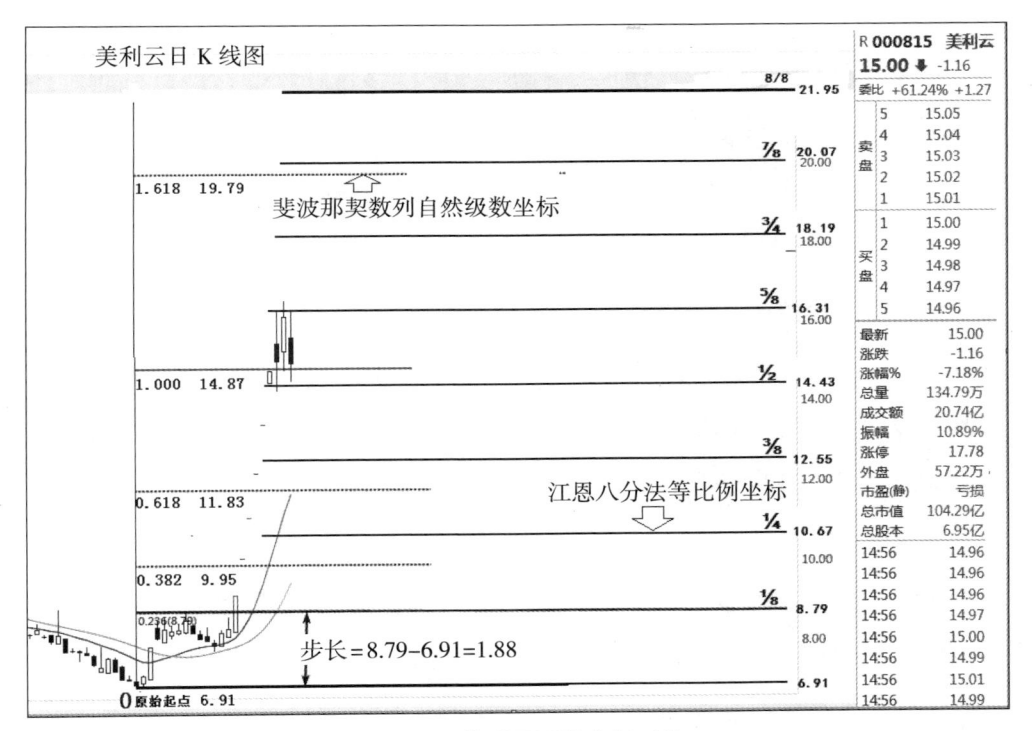

图6-10　美利云两种坐标对比

美利云的两种坐标分别如下。

（1）江恩八分法等比例坐标：1/8、1/4、3/8、1/2、5/8、3/4、7/8坐标位置分别是8.79元、10.67元、12.55元、14.43元、16.31元、18.19元、20.07元。

（2）斐波那契数列：0.236、0.382、0.618、1.000、1.618坐标位置分

别是8.79元、9.95元、11.83元、14.87元、19.79元。

分析以上两种坐标可知，在0.618和3/8、1.000和1/2、1.618和7/8这三个位置是重合区域，也就是说，重合区域将是股价最重要的阻力和支撑位。

第4条买卖规则：根据3星期上升或下跌买卖（循环周期）

江恩第4条买卖规则是在对金融市场做了广泛统计后制订的，他将市场反弹或调整的买卖归纳为以下两点。

（1）当市场主流趋势向上时，若市价出现3周调整，是一个买入时机。

（2）当市场主流趋势向下时，若市价出现3周反弹，是一个卖出时机。

当市场逆趋势出现调整或反弹时，江恩认为，在以下时间必须留意市势发展：①当市场上升或下跌超过30天时，下一个留意市势见顶或见底的时间应为6~7周；②若市场反弹或调整超过45~49天时，下一个需要留意的时间应为60~65天。根据江恩的经验，60~65天为一个逆市反弹或调整的最大平均时间幅度。

这些都是江恩对他那个年代的市场进行统计和归纳出来的。这个结论拿到今天，拿到A股市场好不好用，还需要投资者在市场中去检验。江恩统计和归纳的方法值得后人学习。

第5条买卖规则：市场分段波动

江恩认为，在一个升市中，市场通常会分3段甚至4段浪上升；在一个下跌趋势中，市场亦会分3段甚至4段浪下跌。

江恩第5条买卖规则的含义：当上升趋势开始时，永远不要以为市场只有1浪上升便见顶，通常市场会"上升—调整—上升—调整"，然后再上升一次才可能走完整个趋势。反之，在下跌的趋势中也一样。

江恩对市场走势的看法与艾略特的波浪理论看法十分接近。波浪理论认为，在一个上升的推动浪中有5个浪，其中有3次顺流的上升，2次逆流的调整。江恩与艾略特的观察大部分是互相印证的。不过，对于一个趋势中究竟应有多少段浪，江恩的看法似乎没有艾略特那样硬性规定下来，江恩认为在某些市场趋势中可能会出现4段浪。

笔者认为，江恩第5条买卖规则的意义是提醒投资者注意把握市场的波动节奏，做好波段操作。关于市场波动节奏，大家必须了解当下行情所处的位置。这些问题都是波浪理论讨论的内容，因此，若研究形态、波段问题，就必须仔细学习和研究艾略特波浪理论。笔者在之前写的《量化结构交易法与画线分析》一书中，将"同级别推调浪比例"概念引入波浪理论，较好地解决了波段交易问题。以下就简单介绍一下笔者在应用波浪理论时的几点体会，供读者参考。有些问题很难说明白，只能靠读者自己在实践中领悟。

1. 波浪理论应用中的四个主要问题

应用波浪理论必须清楚四个方面的问题：三个维度；三个铁律；三个阶段；四个指南。学懂弄通这四个方面的内容，可以说学会了波浪理论的基础部分，剩下的就是灵活运用了。实战交易中不能死数浪，也不能仅凭波浪理论做出交易决定，最起码要结合趋势应用波浪理论。笔者认为无论什么分析理论和方法，趋势分析都是第一位的，数浪也一样。尤其是当你数不清楚波浪的时候，只要价格遵循趋势，这个浪就没有结束，不必纠结其中有什么形态和有几个浪，价格形态在没有走完的时候是看不清楚的。

2. 位置比形态重要

应用波浪理论分析市势时，首先要明确知道当下价格所处的位置，之后再看形态。位置是指价格在大一级别所处的是什么位置，形态是指当下分析级别的结构形态。

（1）一个日线级别下跌趋势终结，必然会生成一个30分钟的反弹行情。其中价格所处的位置就是日线级别的阶段性底部位置，形态就是这个30分钟级别初始反弹结构是否生成。这也是为什么分析要从左右两边看，只有两边都成立，才能出现确定性买点。

（2）价格已经完成五波上涨结构，处于成长阶段的末端位置，不能认为调整后的反弹会出现超级五浪而大量买入。

（3）价格进入三浪快速成长阶段，不能凭臆想感觉价格涨得差不多了就卖出，也不能因为一个正常的回调而卖出。卖出的唯一条件是趋势和空间上出现了卖出条件。

3. 要重视1浪的内部结构形态

划分波浪最起码要从两个级别划起，也就是本级别和子级别。划分时要特别注意子浪的内部结构。例如本级别的1浪，内部子浪有三种形式：五波推动浪结构，表明主力做多意愿很强；五波驱动浪结构表明是场内资金行为，行情可能是顺大势而为；三波上涨，表明是振荡整理行情。再如第3浪的内部子浪只有一种形式，就是五波推动浪结构，否则就不是第3浪。

4. 要重视1浪、2浪内部结构分析

（1）若1浪的内部子浪是一个明确的五波推动浪走势，那么这一定是主力资金行为。若接下来的2浪调整时间是1浪运行时间的0.618～1倍，调整幅度是0.5～0.618区间，那么就可以确信这是一个强势股，2浪终结就是最佳的

介入点。

（2）当发现这种1浪、2浪的强势股，就要应用初始波理论计算出1浪的理论目标位，并与实际目标比较一下，看一下实际目标比理论目标是强还是弱，同时作为后市强弱的判断依据。还要应用初始波目标公式计算出3浪及5浪的目标区域，作为判断3浪和5浪终点的参考依据。

（3）3浪ii是最佳的介入点。主升浪3浪是每个投资者寻找的最佳投资时机，只有价格突破1浪高点，走出3浪ii时才能确定2浪结束，因此3浪ii是最佳的介入点。

5. 4浪与1浪是否重叠是判断价格强弱的关键

选股票跟选人一样，一定要选择品格好的人合作。前面讲的五波上涨行情是由推动浪构成的，上涨节奏感强，逻辑结构清晰，这样的股票就是我们要寻找的投资标的。尤其是1浪的内部子浪也是由推动浪组成的个股，而且只有推动浪符合波浪的三大铁律。驱动浪虽然也是一种五波上涨结构，但是它的4浪与1浪重叠，反映出主力拉升还处于底部阶段，是一种"拉升—洗盘—吸筹"行为，拉升的幅度及目标都远不及推动浪。如果发现4浪与1浪重叠的个股，目标位不要期望太高，应在之后的5浪尽快离场。

6. 要注重同级别推调比例的分析

同级别推调浪比例可分为时间比例和空间比例，这是分析五波结构是否完美的有效方法。例如，在分析1浪、2浪和3浪、4浪的同级别推调浪比例时，如果2浪调整时间与调整幅度都小于正常值，那么3浪走出延长浪的概率就非常大。如果4浪的回调时间与调整幅度都超过正常值，那么走出健康的5浪就比较困难。总之，波浪理论分析就是不断计算对比各个浪之间比例的协调性，包含推动浪之间的比例，以判断其是否完美。

第 6 条买卖规则：根据 5% 至 7% 比例位置买卖（空间结构比例）

江恩对于市场运行规律的研究，其中一点是基于数字学。所谓数字学，是一套研究不同数字含义的学问。对于江恩来说，市场运行至某一个阶段，即市场到达某一个数字阶段，市场便会出现相应的波动。

江恩第6条买卖规则具体内容如下。

（1）若趋势是上升的话，当市场出现5～7点的调整时，可趁低吸纳，通常情况下，市场调整不会超过9～10点。

（2）若趋势是向下的话，当市场出现5～7点的反弹时，可趁高沽空。

（3）在某些情况下，10～12点的反弹或调整也是入市的机会。

（4）若市场由顶部或底部反弹或调整18～21点水平时，投资者要小心市场可能出现短期市势逆转。

江恩的买卖规则有普遍的应用意义，他并没有特别指明是哪种股票或哪一种金融工具，也没有特别指出哪一种程度的波幅，因此，他的着眼点乃是在市场运行的数字上。这种分析金融市场的方法是十分特别的。

若将上面的规则应用在外汇市场，一般而言，短期波幅可关注50～70点、100～120点，而重要的波幅则为180～210点。汇市若出现超过210点的反弹或调整，要小心短线市势逆转。上面的波动幅度对港股也相当适用。

第 7 条买卖规则：成交量

一、时间、价格、成交量是一体的

江恩表述时间与价格的关系时，表达了时间和价格是统一体的思想，它们之间是可以相互转换的。时间、价格和成交量也存在这种关系，成交量与价格不可分割，成交量是价格的载体，没有成交量支持的价格运动是没有意义的，是不稳定的。因此，技术分析必须要加入对成交量的考虑，也就是说，时间、价格和成交量是一体的，必须整体地去思考。

江恩认为，在上升趋势中，没有成交量的支持，价格趋势就得不到支持，就不可能持续。在量价关系中，量能为先，无论是分析股票还是选股，成交量都必须放在第一位。成交量与价格就像主人跟狗的关系一样，狗跑得再远，最终都会回到主人的身边。判断空间价格支持位及阻力位，也离不开成交量的确认问题。

成交量是判断市场价格空间压力与支撑、趋势方向和转折的重要依据，实战意义重大。交易者必须依据一致性原则，系统地对时间、价格和成交量进行分析研判。为了比较深入地领会成交量的作用，就必须了解成交量与价格的运动方式以及它们之间的关系。

二、价格与成交量之间的关系

1. 量价同向

（1）价格上涨，成交量也同步增加，称作量价齐升，这种价格和成交量运动方向相同的模式是健康的，可持续的。

（2）价格下跌，成交量也同步下跌，称作量价齐跌，这种价格和成交量运动方向相同的模式也是正常的表现，表明价格将持续下跌。

2. 量价背离

（1）价格上涨，成交量却逐渐下降，称作量价背离，这种价格和成交量运动方向相反的模式是不健康的，价格上涨是不可持续的。

（2）价格下跌，成交量却不降反增，称作量价背离，这种价格和成交量运动方向相反的模式也是不健康的，说明价格下跌是不可持续的，底部即将来临。

当价格上升伴随成交量增加或者价格下降伴随成交量减少（量价同向）时，称这种量价关系为量价配合完美，暗示市场对价格要重新发现，趋势将持续，一直持续到市场认为价格趋于合理才会停止。成交量确认了价格运动的趋势，指引了价格运动的方向，使交易者能对市场有一个初步的预测。

当然，量价配合完美和对价格运动的支持，还需要应用趋势、空间和形态理论，按一致性原则分析判断压力和支撑对运动趋势的影响。

市场对大多数参与者而言是不可预测的。市场经常会发生意想不到的非理性的价格运动，这是因为市场受到两种情绪的影响：①贪婪；②恐惧。由于这两种情绪的非理性，往往发生在价格和成交量运动方向相反的模式中。如果正好又出现在时间窗口上，或是出现在关键黄金比率位置上，就要特别关注市场可能会随时变盘。

当价格上涨而成交量减少时，意味着主动买入的人在减少，往往此时进场的人，多半是受贪欲的影响。同样，如果价格逐渐下跌而成交量增加，那么市场中恐惧情况就占据了比较优势的地位。所以，交易中要认识恐惧或贪婪对市场的支配作用。要了解情绪从一个方面到另一个方面的变化，一个简单且容易的方法就是将自己的角色变换一下，买方与卖方互换来体会。如果价格正在下跌，却伴随着成交量增加，表明市场的卖方筹码非常多。相反，如果股价是向下运动而成交量在不断地减少，那就表示卖方的筹码已经不多了（或缺少卖方），如果上升的价格伴随比较高的成交量，说明买方踊跃（或买方富有）。如果价格在成交量的下降中上升，它意味着缺少卖方。

江恩认为，经常研究市场每月及每周的成交量是极为重要的，研究市场成交量的目的是帮助交易者确定趋势的转变，利用成交量记录可以确定市场的走势。

三、成交量分析步骤

用成交量分析价格运动，首先要识别股价在什么位置有连续数天的成交量骤增或骤减，在成交量分析过程中，为避免单日成交量受消息刺激产生波动，可采取以下方法。

（1）采用成交量移动平均线来判断成交量变化的趋势，一般建议用10日成交量均线。江恩经常用月或周成交量来分析市场走势，目的就是为了避免日成交量波动的干扰。在价格与成交量趋势相符的地方，可以绘制趋势线。

（2）当价格趋势开始下降时，下降趋势总是从一个量价同向运动开始，以一个量价背离运动结束。通常情况下，可以识别市场的价格运动是处于什么样的趋势中，但要准确判断投资操作的价格安全区域，却是不容易的。

（3）确定价格安全区域。观察价格与成交量之间的关系，可以用来识别价格运动趋势的顶部和底部。但是要确定投资操作的价格安全区域，还需要按一致性原则，应用其他几种分析方法综合研判。

四、分析成交量的作用

1. 江恩在交易法则中关于成交量的两条陈述

（1）当市场热情高涨，交易者蜂拥入市的时候，成交量经常大增，这时顶部就快要到了。大众热情高昂地入市，就是主力大手笔派发出货的时候，主力派发完毕后，坏消息出现，也是市场见顶的时候。因此，大成交量经常伴着市场顶部出现。

（2）当市场持续下跌接近尾声时，大众投资者亏损严重，情绪低落，交投清淡，成交量逐渐缩减，则表示市场底部即将出现，反弹也指日可待。

2. 利用成交量分析市场趋势逆转时的注意事项

（1）成交量分析必须配合市场趋势、空间及时间周期一致性和谐共振。

（2）市场到达重要支撑、压力位，成交量是否配合，见顶或见底时市场折返的机会便会增加。

通常来说，价格的上升是由成交量来推高的，巨大的成交量往往伴随着最高的价格（天量天价）。同样，一个上升趋势开始下跌时，也伴随着巨大的成交量。当成交量放大时，价格正在上升，如果突然发现卖盘增加，这时就要小心了。这种情形通常会持续1~4天，并且经常会出现价格振荡，然后市场将会重新开始原有的趋势。如果在高位振荡时间超过5天，意味着获利平仓盘仍在出货，头部将要出现。

五、量比

量比是一个衡量相对成交量的指标，它是开市后每分钟平均成交量与过去5个交易日每分钟平均交易量之比。

若突然出现放量，量比指标会有一个上升突破，越陡说明放量越大（刚开始时可以忽略不计）。若出现缩量，量比指标会往下走。

（1）如果量比指标数值大于1，说明当日每分钟平均成交量大于过去5个交易日的平均交易量，表明成交量放大。

（2）如果量比指标数值小于1，说明现在的成交量比不上过去5日的平均交易量水平，表明成交量萎缩。

（3）量比公式：量比=现成交总手数÷（过去5日平均每分钟成交量×当日累计开盘分钟）。

操作意义：①通过量比排名，投资者可以寻找到刚刚放量启动的底部个股，将它们加入自选股一栏，之后再根据热点行业以及个股股价所处的位置和基本面情况，决定选哪只股票做短线交易；②也可以用于监视持仓股票，当量比突然放大时，要仔细分析价格所处的位置，判断股票是不是进入头部区域，有没有破坏上升趋势。总之，量比放大是一个变盘信号，持仓时一定要小心应对。

第8条买卖规则：时间因素（时间 = 价格）

第8条买卖规则是时间因素。江恩认为，在一切决定市场趋势的因素之中，时间因素是最重要的一个，时间是决定市场趋势最重要的因素之一，其原因有二。

一、市场超越平衡

时间可以超越价位平衡，这是江恩的独有说法，所谓"市场超越平衡"的意思如下。

（1）在上升趋势中，其调整的时间较之前一次调整的时间长，表示今次市场下跌乃是转势。此外，若价位下跌的幅度较之前一次价位调整的幅度大的话，表示市场已经进入转势阶段，当时间到达，成交量将增加，从而推动价位升跌，如图6-11所示。

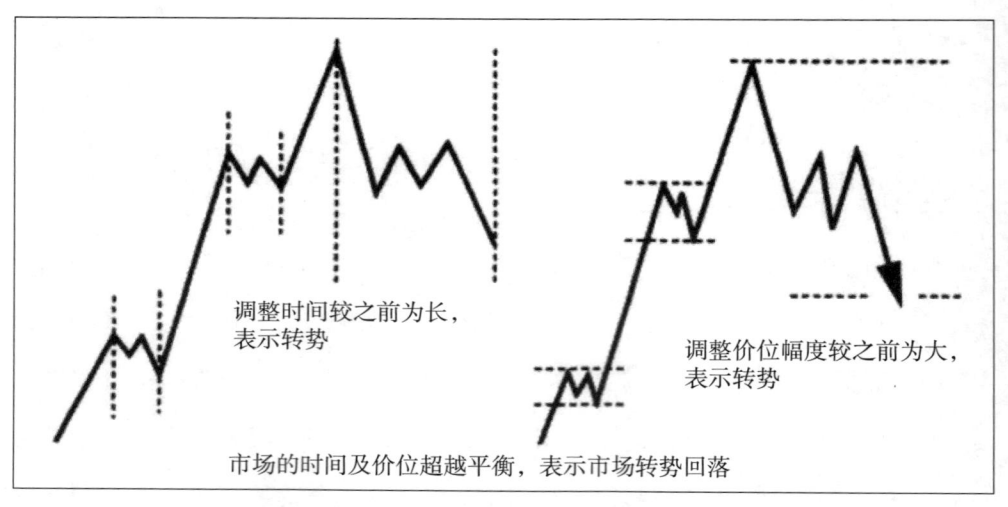

图6-11 上升趋势中时间、价格超越平衡

（2）当市场在下跌趋势中，若市场反弹的时间第一次超越之前一次的反弹时间，表示市势已经逆转。同理，若市场反弹的价位幅度超越之前一次反弹的价位幅度，也表示价位或空间已经超越平衡，转势已经出现，如图6-12所示。

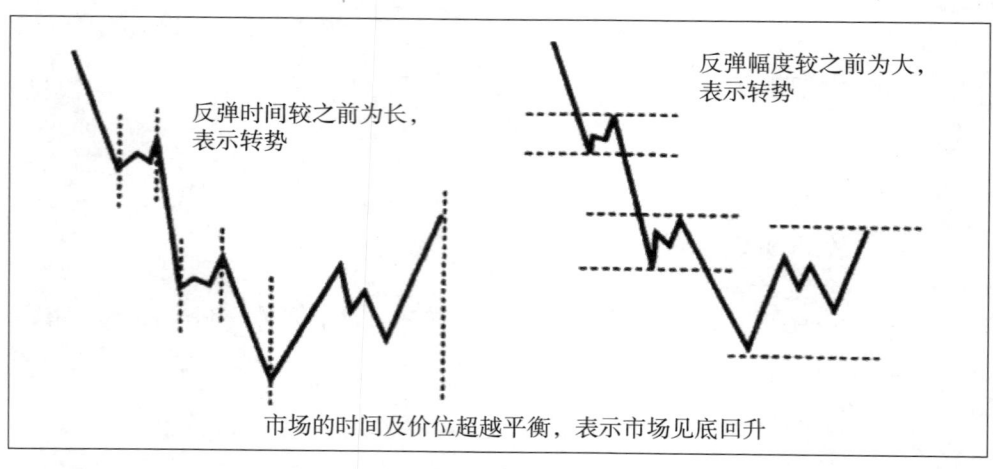

图6-12 下跌趋势中时间、价格超越平衡

在市场即将到达转势时间时，通常市势是有迹可寻的。在市场分3到4段浪上升或下跌的时候，通常末段升浪无论价位及时间的幅度上，都会

较前几段浪短，这种现象表示市场的时间循环已近尾声，转势随时有可能出现。

二、季节性循环周期

江恩认为，金融市场是受季节性循环影响的，只要将注意力集中在一些重要的时间，配合其他买卖规则，投资者可以很快察觉到市场趋势的变化。江恩特别列出一年之中每个月重要的转势时间，很具参考价值，现详列如下。

（1）1月7日～10日与19日～24日最重要，在这期间形成的趋势可延至多周甚至多月。

（2）2月3日～10日与20日～25日期间走势的重要性仅次于1月份。

（3）3月20日～27日经常发生短期转势，甚至是主要的顶部或底部。

（4）4月7日～12日与20日～25日期间较1、2月次要，但也经常引发市场转势。

（5）5月3日～10日与21日～28日是十分重要的转势月份和日期，与1、2月的重要性相同。

（6）6月10日～15日与21日～27日，短期转势会在此月份的这些日期出现。

（7）7月7日～10日与21日～27日重要性仅次于1月份，此时会进行半年结息或派息。

（8）8月5日～8日与14日～20日转势的可能性与2月相同。

（9）9月3日～10日与21日～28日是一年之中最重要的市场转势时间。

（10）10月7日～14日与21日～30日是十分重要的市场转势时间。

（11）11月5日～10日与20日～30日，美国大选年多在11月初发生，其他年份多在11月尾转势。

（12）12月3日～10日与15日～24日，是市场经常出现转势的时间。

上面江恩提出的市场转势时间，与中国二十四节气的时间基本一致，是太阳转15度的时间。江恩认为，市场周期与气候的变化息息相关。

江恩认为，要掌握市场转势的时间，除留意一年里多个可能出现转势的时间外，还要留意一个趋势运行的天数，这也是异常重要的。趋势根据数字的阶段运行，当市场趋势运行至某个天数的阶段，市场可能出现转势。由市场重要的底部或顶部起计，以下是江恩认为有机会出现转势的天数：7～12天；18～21天；28～31天；42～49天；57～65天；85～92天；112～120天；150～157天；175～185天。这些运行天数与斐波那契数列中的各项数字相关，斐波那契数列有1、3、5、8、13、21、34、55、89、144……

第9条买卖规则：当出现高低点或新高时买入

当市场价格出现新低或新高时买卖（见图6-13），可分为以下两种情况。

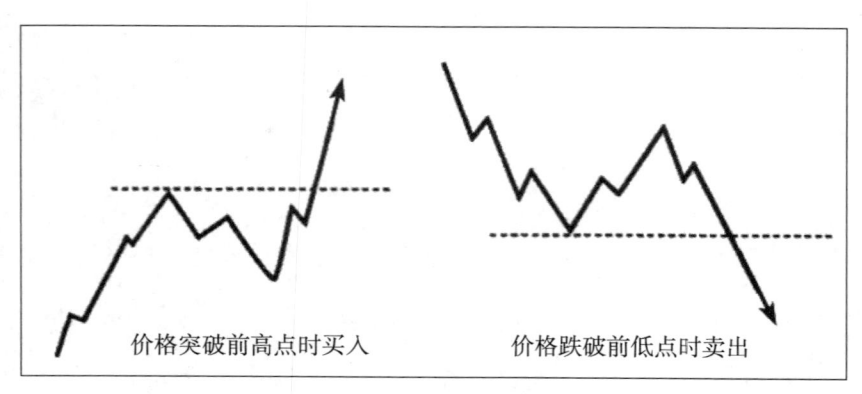

图6-13 价格出现新低或新高的买卖规则

（1）当市场价格创出新高，表示市场趋势向上，可以追逐市场趋势买入。

（2）当市场价格跌出新低，表示市场趋势向下，可以追逐市场趋势卖出。

注意，在应用上面的简单规则前，江恩认为还必须特别留意时间因素：①从前顶部到底部的时间；②从前底部到底部的时间；③从重要顶部到重要顶部的时间；④从重要底部到重要顶部的时间，如图6-14所示。

江恩这条规则是指，如果市场创出新高或新低，表示趋势未完，交易者可以依据之前市场底或顶的运行时间预测市场下一个转势的时间。若预测的为顶部，则可依据顶与顶之间的日数或底与顶之间的日数综合分析；相反，若预期的为底部，则可依据底与底之间及顶与底之间的日数综合分析，若两者都到达，则转势的机会就会大增。

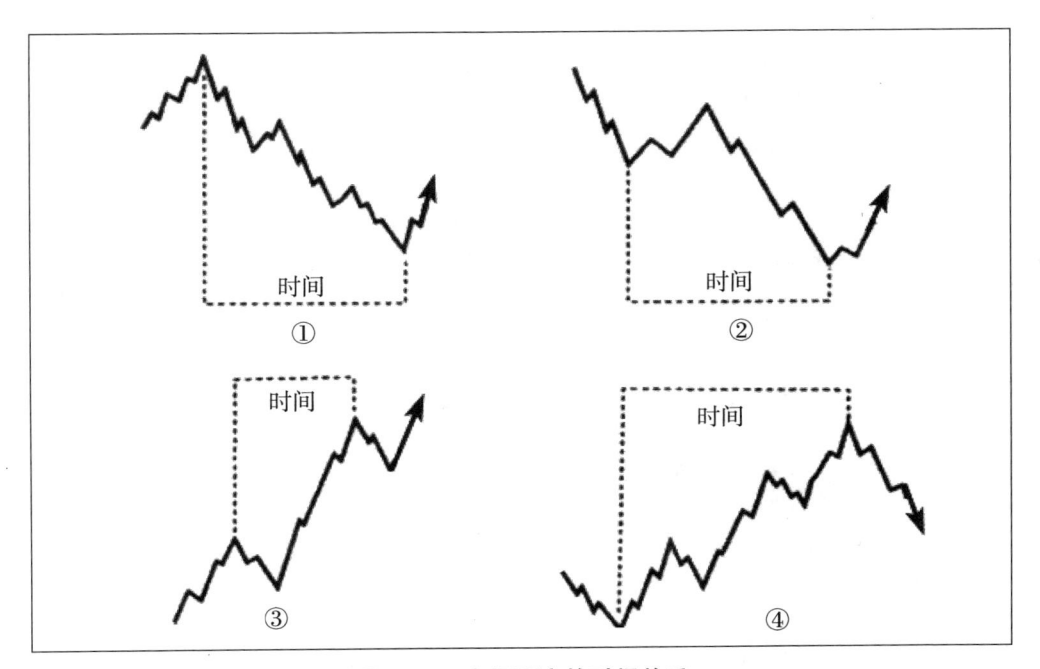

图6-14 市场顶底的时间关系

除此之外，市场顶与顶及底与顶之间的时间比率，例如1倍、1.5倍、2倍等，亦顺理成章成为计算市场下一个重要转势点的依据。

第 10 条买卖规则：决定大趋势的转势

根据江恩对市场趋势的研究，一个趋势逆转之前，在形态及时间周期上都是有迹可循的。

在时间周期方面，江恩认为有以下几点值得特别留意。

（1）市场假期——江恩认为，市场的趋势逆转通常会发生在假期前后。

（2）周年纪念日——交易者要留意市场重要顶部及底部的1、2、3、4或5周年之后的日子，市场在这些日子经常会出现转势。

（3）趋势运行时间——交易者要留意，由市场重要顶部或底部之后的15、22、34、42、48或49个月的时间，这些时间可能会出现市场趋势逆转。

在价位形态方面，江恩有如下建议。

（1）上升趋势——当市场处于上升趋势时，可参考江恩的9点图及3日图。若9点图或3日图下破上一个低点，是市场趋势逆转的第一个信号。

（2）下降趋势——当市场处于下降趋势时，若9点图或3日图上破上一个高点，表示市场趋势见底回升的机会十分大。

对于不同的市场趋势，江恩进行过相当长时间的研究，不同的市场趋势，大致可用成交量最后确定。也就是说，市场上升或下跌的速度，是界定不同市场趋势的准则。江恩认为，若市场是快速运动的话，则市场价格平均每日上升或下跌1点（时间：价格=1:1），若市场平均每日上升或下跌2点，则市场已超出正常的速度，市场趋势不会维持过久。这类市场速度通常发生于上升趋势中的短暂调整，或者是下跌趋势中的短暂反弹。

笔者研究过上证指数的波动速率，大约10点是一个单位，也就是将10点的波动作为1个空间单位。在一个趋势运动中，上证指数每日上升或下跌10点为正常的速度，超过这个速度，趋势的运动不会维持太久，它会引发一个调整。这一原则源于江恩"时间=价格"的平衡理论，与艾略特描述波浪理论中的穿越现象是一致的。也就是说，若市场突然加速下跌或加速上涨，则市场进入加速完成顶部或底部的阶段，一定要警惕。

第11条买卖规则：最安全的买卖点

在市场获利，除了要正确分析市场走势外，出入市的策略也是极为重要的。若出入市不得法，投资者即使看对市场趋势，仍会招致损失。

市场上破之前高点，是安全的买入点；市场下破之前低点，是安全的沽出点。

江恩对于跟随趋势买卖有以下忠告。

（1）当市场趋势向上的时候，追买的价位永远不会太高。

（2）当市场趋势向下的时候，追沽的价位永远不会太低。

（3）在投资时牢记使用止损盘，以免招致巨大亏损。

（4）要顺势买卖，切忌逆势。

（5）在投资组合中，使用去弱留强的方法维持获利能力。

在市场趋势向上时，市场价格见底回升，出现第一个反弹，之后会有调整。当市场价格无力破底而转头向上，上破第一次反弹的高点时，是最安全的买入点。止损位方面，则可设于调整浪低点之下。

在市场趋势向下时，市价见顶回落，出现第一次下跌，之后市场价格反弹，形成第二个较低的顶。当市场价格再下破第一次下跌的底部时，便是最安全的卖出点，止损位可设于第二个较低的顶部之上。

根据江恩的研究，在一个快速的趋势中，市场价格逆势反弹或调整，通常只会持续两天，这是一个判断市场趋势的有效方法。

第 12 条买卖规则：快市时价位上升

对于不同的市场趋势，江恩进行过长期的研究。不同的市场趋势可利用市场的动量来界定。换言之，市场价格上升或下跌的速度，是界定不同市场趋势的准则。

江恩认为，若市场是正常的话，则市场价格的运动在棒线图上呈45度角。若市场运动超过这个角度，则超出了正常的速度，市场趋势不会维持过久。这类市场速度通常发生于上升市场中的短暂调整，或者是下跌市场中的短暂反弹。

在应用上面的原则时，有两点要特别注意。

（1）江恩所指的每天上升或下跌1点，每天的意思是日历天数，而非市场交易日，这是江恩分析方法的特点。尤其是在制作图表分析时要注明，许多软件没有日历天数，只有交易天数，这个问题可以变通解决，也就是找出在观察窗口中主要的高低点和趋势，参考一般软件坐标系的解决方法（对于日历天数和交易天数的关系，需要做专门的研究，目前这方面的成果不多）。

（2）江恩讲的上升或下跌1点，是指分析对象的波动率为1点，如道琼斯指数。若分析对象的波动率是10，那么这个1点应是10点。

江恩的1×1线，是界定市场多空的分界线。

一般人认为，当市场升势到达超买阶段，市场需要一段较长的时间以消化市场超买的技术状态。不过，江恩认为，若市场在短促的时间内大幅下跌，则可以消化整个市场的超买技术状态。也就是说，时间与价位的能量是可以互相转换的。

当市场处于超买阶段，那么就会面临调整。若调整幅度小的话，则调整所用的时间会相对较长；若市场调整幅度大的话，则所需要的时间便会相对较短。故此，当市场调整幅度足够时，不少技术超买（超卖）状态已经完结，这一点投资者不容忽视。

附录 A 江恩有价值的 24 条黄金法则

在《华尔街四十五年》一书中，江恩奉献出了他45年来交易经验的精髓——江恩24条黄金法则，与前面江恩12条买卖规则不同的是，24条黄金法则着重讲述了风险管理、资金管理、情绪管理和交易策略等问题，这些问题与投资者自身状况有着密切的关系，不同的投资者有不同的理解和应用。例如，专业投资者与上班族在专业知识、精力、时间上的区别，使得他们在资金管理、交易策略等问题上的处理方式也不同。所以江恩24条黄金法则只能是交易者在制订交易系统时的一个参考，当你在交易中成功或失败时，你都要回过头来与这24条对照，若能从中获取共鸣，悟出灵感，从而不断完善你的策略与计划，那么你对24条黄金法则的理解就又进了一步。

一套完善的交易系统由交易策略、资金管理、交易计划和技术分析共同构成，技术分析是前三项的基础，是为前三项服务的，没有前三项，只凭技术分析交易，可能也是一塌糊涂。 24条黄金法则注重资金管理和进场、出场、止损、止盈规则，交易的是对趋势的追踪，趋势方向是首要问题，价格高低则次之，这些在24条法则中都有叙述。对24条法则的理解与投资者的交易经历相关，是反反复复的，不同时期、不同市场阶段，理解也会不同，普通投资者不经学习就想做到是不可能的。

要在股市中无往不利，股民心中必须有明确的规则，并时时恪守这些规则。江恩总结经验得出的以下规则，投资者如能加以利用，可以受益良多。

1. **本金使用规则**：将自己的本金平均分成若干份，任何一次交易金额不应超过所有本金的十分之一。

2. 使用止损单。要保护资金安全,每次交易都应在买入价以下3到5点处设置止损单。

3. 永远不过度交易。一旦过度交易,你就违反了第一条规则。

4. 不要让盈利变成损失。一旦盈利超过3点,也应适时提高止损单的设置点,以防止损失资金。

5. 不要逆市而为。如果走势图不能帮助你确定股市走势,就不应进行交易。

6. 如果心存疑虑,就退出。如果拿不准,就不要入市。

7. 只交易表现活跃的股票。远离那些交易量小或者根本就没有交易量的股票。

8. 均摊风险。如果条件允许,进行交易的股票应保持在4到5种。避免把所有资金全押在一只股票上。

9. 不要固定股票委托交易价格或买卖价格。要随行就市。

10. 不要无缘无故地平仓。应该依靠止损单来保护利润。

11. 累积盈余。在做成几笔成功的交易后,应该把利润存在股市的盈余账户,以备不时之需。

12. 千万不要为了分红而买进一只股票。

13. 千万不要把损失和盈余分摊。这是一个股民所能犯下的最愚蠢的错误。

14. 千万不要因为等得失去耐心,而抛股。也不要因为等得太久,而盲目入市。

15. 千万不要只顾蝇头小利,而因小失大。

16. 千万不要在设置止损单后,又取消止损单。

17. 避免频繁出入股市。

18. 愿意进行卖空交易,看准股市走向,从而让你赚钱。

19. 千万不要因为价格低而买入,或是因为价过高而放空。

20. 注意不要在错误的时机累进股票。等待股票表现活跃并且穿过阻力位之后再累进股票补仓。同样，也需等到股票跌破派发区域后再清仓。
21. 挑选小盘股加码做多，挑选大盘股放空。
22. 千万不要进行股票对冲。如果你长线持有一只股票，但其走势向下时，千万不要放空另一只股票对其进行对冲。这时应收拾残局，及时清仓，等待另外的时机。
23. 不要无缘无故地改变自己在股市中的立场。一定要有充分的理由或明确的计划时，才进行交易。同样，在没有明确股市走向时，不要轻易离场。
24. 避免在长期成功或盈利后增加交易。

以上所述的24条黄金法则是在股市中制胜的关键，应在交易时严格遵守。如果交易失利，应再次回顾这24条法则，看看自己违反了哪一条，以免下次再犯。如果你对股市颇有研究，经验老到，就会知道这些法则其实非常有用。要保持不断地观察和学习，只有这样你才能找到在股市中成功的正确道路。